Dr. Dieter Seefeldt

Die Seele heilen

Möglichkeiten und Grenzen der Psychotherapie

SÜDWEST

Inhalt

Vorwort

Ein ausführliches Gespräch mit einem Therapeuten kann meist klären, wie eng organische Leiden mit seelischen Konflikten und Belastungen verbunden sind.

„Ich bin doch nicht verrückt!" Mal vorwurfsvoll, mal ängstlich hat diesen Ausruf gewiß schon mancher Arzt gehört, der seinem Patienten eine psychotherapeutische Behandlung empfehlen wollte. Erst ein ausführliches Gespräch vermag dann meist zu klären, wie eng viele organische Leiden mit seelischen Belastungen verbunden sind und umgekehrt. Oder positiv ausgedrückt: Körperliche Gesundheit ist immer auch mit psychischem Wohlbefinden verbunden; wo das eine fehlt, wird das andere auch bald in Mitleidenschaft gezogen.

Das hat seine Gründe. Der menschliche Organismus, die menschlichen Verhaltensweisen haben sich in Jahrzehntausenden den relativ konstanten ortsgebundenen Umweltbedingungen der verschiedenen Erdregionen angepaßt und sich in Wechselwirkung und ständiger Auseinandersetzung mit diesen und durch sie entwickelt. Aber innerhalb eines entwicklungsgeschichtlich sehr kleinen Zeitraumes, im letzten Jahrhundert, wurde unsere natürliche Umwelt tiefgreifend verändert. Das betrifft besonders den wissenschaftlich-technischen Fortschritt und die sich daraus ergebenden Arbeits- und Lebensbedingungen. Die aktiven Anpassungsvorgänge und die passiven Ausleseprozesse laufen erst an. Die Beanspruchung im Arbeitsprozeß verschiebt sich immer mehr von der körperlichen zur geistigen Tätigkeit. Dadurch bedingt steht mitunter physische Unterforderung psychischer Überforderung gegenüber. Der Mensch des 20. Jahrhunderts ist besonders in den hochindustrialisierten Ländern einer großen Belastung durch die sich schnell verändernde Umwelt ausgesetzt. Reizüberflutung und Entscheidungskonflikte stellen an die menschliche Anpassungsfähigkeit in ihrer ganzen Tragweite noch nicht zu übersehende neue Anforderungen. Neuralgischer Punkt hierbei ist die Belastung des Nervensystems. Dieser „störanfällige Mechanismus" wird heute bei ständig wachsenden Ansprüchen an Flexibilität, Disponibilität und Anpassungsfähigkeit an neue Reizkonstellationen besonders stark gefordert. Dabei kann es dann geschehen, daß die so lebenswichtige Einheit von Körper, Geist und Seele zu zerbrechen droht. Psychotherapie als Lebenshilfe, als Behandlungsprinzip wird deshalb immer notwendiger.

In diesem Buch wollen Autor und Verlag einige Informationen, gleichsam ein Basiswissen über das Behandlungsprinzip Psychotherapie und deren Methodenvielfalt vermitteln. Unser vorrangiges Ziel: Sie, unsere Leser zu interessieren, neugierig zu machen und zu motivieren für eine Mit- und Selbstbehandlung, zur Arbeit an sich selbst.
So wie es das chinesische Sprichwort sagt:
„Gibst du einem Hungernden einen Fisch, machst du ihn satt für einen Tag. Gibst du ihm sieben Fische, könntest du ihn sättigen für eine Woche. Lehrst du ihn jedoch fischen, könnte er satt werden ein Leben lang."

Das Unbewußte eines Menschen und sein Bewußtes ist einem Eisberg vergleichbar: der größte Teil ist unsichtbar unter Wasser. Die Ergründung dieses Unbewußten, der Seele, ist wie das Ausloten eines Sees mit all seinen Untiefen.

Was ist denn nun Psychotherapie?

Wollte man es sich einfach machen, könnte man Psychotherapie definieren als Behandlung mit psychischen Mitteln. Dies ist zweifellos richtig, reicht jedoch nicht aus. Lassen Sie uns nachfolgend thesenhaft zu erklären versuchen, was Psychotherapie ist:

Psychotherapie ist ein medizinisch-psychologisches Behandlungsprinzip. Die Behandlung erfolgt vorrangig mit psychischen Methoden wie der verbalen (Gespräche) und nonverbalen Kommunikation einschließlich übender und suggestiver Techniken und diverser Trainingsmethoden.

Psychotherapie kommt vorrangig zum Einsatz bei Störungen des Befindens und Verhaltens mit und ohne körperliche Symptomatik (Krankheitszeichen), womit meist Reaktionen, Neurosen und psychosomatische Erkrankungen gemeint sind.

Psychotherapie wird anteilmäßig auch angewandt bei körperlichen Erkrankungen mit subjektiv belastenden Folgezuständen, aber auch bei Abhängigkeit, Sucht, Perversion und Psychosen.

Psychotherapie kommt vorrangig zum Einsatz bei Störungen des Befindens und Verhaltens mit und ohne körperliche Symptomatik (Krankheitszeichen), womit meist Reaktionen, Neurosen und psychosomatische Erkrankungen gemeint sind. Psychotherapie wird anteilmäßig auch angewandt bei körperlichen Erkrankungen mit subjektiv belastenden Folgezuständen, aber auch bei Abhängigkeit, Sucht, Perversion und Psychosen.

Durch Psychotherapie sollen also Gesundheitsstörungen beseitigt oder doch gemindert werden, bei denen nervliche und soziale Einflußgrößen wesentlich beteiligt sind und bei denen die Integrität der Persönlichkeit gestört bzw. das Gleichgewicht des Menschen in seiner Anpassung an die Umwelt beeinträchtigt ist.

Die Behandlung erfolgt in Kooperation zwischen Therapeut und Patient bzw. einer Patientengruppe. Psychotherapie wird also nicht verordnet, sondern vereinbart.

Die Techniken der Psychotherapie, d.h. bestimmte Arten der Gesprächsführung, Hypnose, Entspannungsverfahren usw. sind lehr- und lernbar. Sie setzen zum Teil aber erhebliche personelle Eigenschaften voraus, um die „Droge Arzt" wirksam einsetzen zu können.

Das gemeinsam mit dem Patienten zu erarbeitende Ziel besteht meist in einer Symptombeseitigung oder – realer – in dessen Verminderung. Symptome können die verschiedensten körperlichen Störungen, können Schmerz, Angst, Fehlspannungen,

Psychotherapie ist vielen Menschen nicht geheuer. Sie haben Angst davor. Nur wenn der Leidensdruck zu groß wird, überwinden sie ihre Angst. Es ist fast wie der Weg durch einen unheimlich wirkenden Wald...

Hemmungen, Zwänge und ähnliches sein. Dazu später noch ausführlicher.
Psychotherapie ermöglicht, über eine veränderte Wahrnehmung des eigenen Körpers, anderer Menschen bzw. der Umwelt eine verbesserte Einsicht, Korrekturen im Erleben, Denken, Wollen, Handeln und damit ein Um- oder Neulernen.

Stabilisierung des Selbstwertes

Psychotherapie setzt eine tragfähige emotionale Therapeut-Patient-Beziehung voraus; sie erfolgt entscheidend über die bewußte und gezielte Gestaltung dieser Beziehung.

Psychotherapie beinhaltet oft die Stabilisierung des Selbstwertes, eine neue Ich-Integrität. Sie geht so einher mit gewissen Veränderungen der Persönlichkeit. Generell soll die Voraussetzung eines Menschen zu aktiver Lebensbewältigung verbessert werden.
Der theoretische Hintergrund ist die Kenntnis des normalen und des krankhaften Verhaltens des Menschen, insbesondere spezifischer Gesetzmäßigkeiten der normalen oder der gestörten Entwicklung, des Verhältnisses von Anlage und Umwelt und der vielfältigen Einfluß- und Belastungsfaktoren.

Ganz wichtig ist: Psychotherapie setzt eine tragfähige emotionale Therapeut-Patient-Beziehung voraus; sie erfolgt entscheidend über die bewußte und gezielte Gestaltung dieser Beziehung.
Fassen wir noch einmal zusammen: Unter Psychotherapie verstehen wir demnach den geplanten, zielgerichteten Einsatz psychischer bzw. psychologischer Methoden zur Korrektur unangemessen erlernter Verhaltensweisen bzw. zur Behandlung von Erkrankungen, bei denen psychische und soziale Einflüsse wesentlich beteiligt sind.
Nach der, zugegeben, recht umfangreichen Erklärung, was Psychotherapie ist, wollen wir auch noch sagen, was sie nach unserer Meinung nicht ist.
Sie ist keineswegs nur passive Beratung, und sie distanziert sich auch eindeutig von selbsternannten „Psychotherapeuten" ohne eine entsprechende medizinisch-psychologische Ausbildung, von „Geistheilern" und anderen Scharlatanen. Leider ist ja die Berufsbezeichnung des Psychotherapeuten hierzulande nicht geschützt, so daß so mancher aus der körperlichen und seelischen Not seiner Mitmenschen Kapital zu schlagen versucht. Psychotherapie ist auch nicht identisch mit magisch-mystischem Denken und Handeln, was aber nicht heißen soll, gegenüber manchen unorthodoxen Vorgehensweisen und kulturspezifischem Heilen offen zu sein. Kritisch, aber offen – offen, aber kritisch.

Was will die Psychotherapie?

Die Ziele in der Psychotherapie sind sehr unterschiedlich. Sie variieren erheblich in Abhängigkeit von der jeweiligen Therapierichtung. Generell wird bei dem einen Vorgehen die bestehende Auffassung von der Welt ergänzt und erweitert, bei anderen Wegen und Richtungen geht es gezielt um Umorientierung, um Problemlösung, um Beseitigung von Störungen und letztlich um bessere Anpassung im Alltagsleben bei ganz alltäglichen Schwierigkeiten.
Wir meinen, daß das Ziel einer jeden Psychotherapie gemeinsam mit dem Patienten zu formulieren sei und daß sich dies vorrangig an den bestehenden Störungen zu orientieren habe.
Davon ausgehend sind überdauernde Verhaltensänderungen anzustreben. Und für alle sollte ein fiktives Patientenwort aus Tschechows „Onkel Wanja" gelten:
„Als erstes versöhnen Sie mich mit mir selbst!"

Haltung (actitud)

Einstellungen korrigieren

Immer soll also eine unsichere ichbezogene umweltabhängige Einstellung korrigiert werden in eine selbstsichere umweltbezogene und eigenständige Haltung. Dies bedeutet, den Menschen in seiner Wahrnehmungs- und Reflexionsfähigkeit, in seiner Beziehungsfähigkeit zu anderen Menschen zu verbessern, ihm zu ermöglichen, mit Menschen des eigenen und des anderen Geschlechtes Beziehungen aufzunehmen, sich von diesen Menschen trennen zu können, zu lernen, sich abzugrenzen, zu fordern, sich durchzusetzen, sich fallenzulassen, ja einfach, ein sehr variabler, anpassungsfähiger Mensch zu sein. Es wäre gut, wenn er auch noch unterscheiden könnte zwischen der emotionalen Beziehungsebene und der rationalen Sachebene.

Das Gesicht als Spiegel der Seele? Nicht alle psychischen Störungen kann man auf den ersten Blick erkennen.

Sich an der psychischen Gesundheit orientieren

Wie wird das Gelingen oder Mißlingen des Lebens erlebt? Die meisten Menschen, auch jene, die keine klaren persönlichen Lebensziele ausgebildet haben, machen, wenn auch in verschiedenem Maße, das Schicksal für die Umstände, für ihr Glück oder Unglück verantwortlich. „Alles gelingt mir." oder „Alles geht schief." oder „Ich bin ein Pechvogel..." Andere meinen in Orientierung auf das chinesische Horoskop „Das ist nicht mein Jahr."

Andere sprechen von kritischen Tagen und glauben, das mit dem Computer ausrechnen zu müssen.
Es ist Ausdruck psychischer Integrität, Selbstkontrolle und Gesundheit, sich darüber Rechenschaft zu geben, bis zu welchem Grad man bei sich selbst oder bei den jeweiligen Bedingungen die Ursachen für Erfolg oder Mißerfolg zu suchen hat. Der seelisch Gesunde sieht die Wirklichkeit, wie sie ist; er verfügt über eine reale Einschätzung der Wirklichkeit. Gegenüber den Umständen besitzt er einen gewissen Grad an innerer Freiheit, die eine Wahl, eine Selbstbestimmung und freie Entscheidungen bis zu einem gewissen Grade möglich machen.

Krank oder gesund?

Der seelisch Gesunde sieht die Wirklichkeit, wie sie ist; er verfügt über eine reale Einschätzung der Wirklichkeit. Gegenüber den Umständen besitzt er einen gewissen Grad an innerer Freiheit, die eine Wahl, eine Selbstbestimmung und freie Entscheidungen bis zu einem gewissen Grad möglich machen.

Wie generell in der Medizin kann man sich auch in der Psychologie besser über Krankheit äußern als über Gesundheit. Da aber die Medizin, also auch Psychologie und Psychotherapie, ihr Schwergewicht von der Therapie immer mehr auf die Prophylaxe zu verlagern haben, und nach Einschätzung internationaler Ärzteorganisationen in den hochentwickelten Industrieländern im Jahre 2000 die Anteile drei Viertel Prophylaxe und ein Viertel Therapie ausmachen werden, muß man sich immer mehr über die Normen der „Gesundheit" verständigen.

Sechs Merkmale psychischer Gesundheit

Das gilt auch für die psychische Gesundheit. Wir wollen deshalb in Übereinstimmung mit anderen Autoren sechs Merkmale formulieren, die einen psychisch gesunden Menschen charakterisieren können:

1. Der Gesunde hat eine angemessene Einstellung zu sich selbst; er sieht sich realistisch so wie er ist und steht sich selbst kritisch gegenüber, ohne andererseits an Selbstachtung einzubüßen.

2. Der Gesunde ist an seiner harmonischen inneren Entwicklung und Selbstverwirklichung interessiert. Er will die besten Möglichkeiten aus sich hervorbringen.

3. Der Gesunde bemüht sich um innere Einheit oder Integration seiner Strebungen. Er läßt sich nicht von Strebungen, die miteinander nicht vereinbar sind, zerreißen, sondern versucht, seine Konflikte zu lösen.

Seelische Konflikte lassen auch oft die Beziehung zur Realität, das normale Verhältnis zur Umwelt zerbrechen.

4. Der Gesunde ist ein autonomer Mensch, das heißt, einer, der aus sich selbst bestimmt ist und sich nicht von anderen abhängig macht.

5. Der Gesunde nimmt die Realität wahr so wie sie ist; das heißt, er läßt sich nicht durch alle möglichen oder unmöglichen Wünsche und Befürchtungen in seiner Erfassung der Außenwelt beeinflussen.

6. Der Gesunde ist fähig, seine Lebensumstände zu gestalten. Dazu gehört die Fähigkeit zu lieben, die Ausgewogenheit von Liebe, Arbeit und Spiel, die Adäquatheit der interpersonalen Beziehungen, die Tüchtigkeit in der Behandlung der Erfordernisse gegebener Situationen, die Fähigkeit zur Anpassung, die Fähigkeit zum Lösen von Problemen.

Angst, Verzweiflung, Schmerz? Psychische Belastungen sind häufig die Ursache für körperliche Störungen oder Erkrankungen.

Selbstveränderung erreichen

„Was Hänschen nicht gelernt hat, lernt Hans nimmermehr." – Ein deprimierendes und nicht korrektes Wort. Berechtigter und hoffnungsvoller wäre: „Was Hänschen nicht gelernt hat, lernt Hans später nur schwer."

„Für mich ist alle wahre Erziehung nur Selbsterziehung" beharrte Albert Einstein auf seiner Ansicht. Sagen wir es verbindlicher: Von einem bestimmten Zeitpunkt ist wesentliche Erziehung nur durch Selbsterziehung möglich.

Der Mensch als bewußt lebendes – das heißt denkendes, empfindendes und handelndes – Wesen unterliegt vielfältigen Umwelteinflüssen. In ständiger Wechselwirkung mit ihnen verändert und entwickelt er sich auch in späteren Jahren. Er lernt nicht nur vom Leben allgemein, sondern vor allem aus dem eigenen Leben, es kritisch befragend und sich Rechenschaft gebend.

Selbstbehandlung als Ziel

Zunehmend tritt deshalb in den Psychotherapien neben die Vermittlung allgemeiner Erkenntnisfähigkeit ein Bemühen um die generelle Verbesserung der Selbstbehandlungskompetenzen von Patienten. Es wird als bedeutend angesehen, Patienten von Anfang an zu Psychotherapeuten ihrer selbst auszubilden. Es muß dann gar nicht mehr unbedingt notwendig sein, Patienten umfassend und abschließend zu therapieren oder gar zu heilen. Die Behandlung braucht nur so lange erfolgen, bis der Patient in der Lage ist, die Behandlung eigenständig, ohne Psychotherapeuten fortzuführen.

Zunehmend tritt in den Psychotherapien neben die Vermittlung allgemeiner Erkenntnisfähigkeit ein Bemühen um die generelle Verbesserung der Selbstbehandlungskompetenzen von Patienten.

Partnerschaft zwischen Patient und Therapeut

Während die Fremdbehandlung durch einen dirigierenden, konfrontierenden und lenkenden Therapeuten und einen fremdbestimmten, fremdgesteuerten Patienten gekennzeichnet ist, wird bei der Orientierung zur Selbstbehandlung ein helfender, fördernder und unterstützender Therapeut einen Patienten zur Selbstbestimmung und Selbststeuerung führen.

Darin liegt eine große Chance der modernen Psychotherapie, die nur in wirklich vertrauensvoller Partnerschaft zwischen Patient und Therapeut genutzt werden kann.

Ruhige Selbstbesinnung, das Bewußtwerden der eigenen Kräfte und Möglichkeiten helfen uns, innere und äußere Konflikte zu überwinden, Spannungen abzubauen.

Wer sich auf diese Weise Zeit für sich selbst nimmt, kann dem Alltag gelassener gegenübertreten, sein Leben bewußter und aktiver gestalten. Haben Sie heute schon einmal daran gedacht?

Der psychotherapie-bedürftige Mensch

Wer benötigt Psychotherapie, für wen ist sie sinnvoll, ja notwendig? Bei welchen Störungen und Erkrankungen muß sie, zumindest anteilig, eingesetzt werden?

Aus unserer Sicht handelt es sich um eine sehr breite Palette, die wir nachfolgend kurz skizzieren – eine sehr breite Palette, die ausgeht von sehr leichten Störungen, die noch keine eigentlichen Erkrankungen darstellen, den Störungen der Befindlichkeit, bis zu schweren geistigen und körperlichen Erkrankungen. Doch beginnen wir mit den einzelnen Erkrankungsgruppen.

Befindlichkeitsstörungen

Bei Befindlichkeitsstörungen handelt es sich um keine eigentlichen Erkrankungen, sondern um Irritationen, Beeinträchtigungen, Störungen des Wohlbefindens, die eigentlich jeder kennt.

Dabei handelt es sich um keine eigentlichen Erkrankungen, sondern um Irritationen, Beeinträchtigungen, Störungen des Wohlbefindens, die eigentlich jeder kennt. Das sind beispielsweise das Unwohlsein, gestörter Schlaf, Beschwerden bei der Menstruation, Störungen im Wärmehaushalt wie Frösteln, Frieren oder auch Hitzewallungen, Beschwerden mit dem Stuhlgang usw.
Wir Ärzte sprechen hier auch von psychovegetativen Syndromen, die durchaus fließende Übergänge vom Normalen zum Krankhaften darstellen können.

Konfliktreaktionen

Sie sind auch bei psychisch intakten Menschen zu finden, beispielsweise nach Prüfungen oder nach dem Tode eines Nahestehenden. Solche von außen wirkenden Einflüsse würden auch für den Gesündesten eine Belastung darstellen. Es besteht ein enger Zusammenhang zwischen dem Auftreten der Beschwerden und dem auslösenden Ereignis. Nach Abklingen der Belastung schwindet die Symptomatik im allgemeinen wieder.

Leichtere psychische Störungen und Konflikte gehören zum täglichen Leben. Sprichwörter drücken aus, wie sich manche seelischen Störungen äußern können: Sie haben jemand beispielsweise „den Schlaf geraubt", er ist dabei „aus dem Häuschen geraten", etwas ist ihm „auf den Magen geschlagen", oder er „ersäuft seinen Kummer wieder im Alkohol". Damit wurden eigentlich eine problematische Situation, ein belastendes Ereignis, eine Krise signalisiert, eine Krise, in die jeder geraten kann.

Konflikte müssen nicht nur von außen kommen, sie können auch durch eigene Entwicklungsprozesse, den Übergang von der Kindheit zur Jugend, von der Jugend zum Erwachsenenalter, ins Greisenalter, im Klimakterium, bei Partner- oder Berufswahl ausgelöst werden. Dies sind Notwendigkeiten, aber auch Chancen.
Allerdings können sich diese Krisen auch zuspitzen, ausweglos erscheinen. Dann ist Hilfe notwendig und die Psychotherapie kann sie geben.

Neurosen

Kaum ein medizinischer Begriff wird so mißverständlich interpretiert wie der der Neurosen. Für den einen ist der Neurotiker so etwas wie ein „armer Irrer", ein anderer sieht in ihm eher einen „eingebildeten Kranken". Was stimmt davon? Nichts!

Konflikte kommen oft nicht von außen, sie werden meist durch eigene Entwicklungsprozesse, aber auch bei Partnerkrisen ausgelöst bzw. kommen dadurch erst zum Vorschein.

Neurosen sind erlebnisbedingte Störungen der Person-Umwelt-Beziehung mit psychischer und/oder körperlicher Symptomatik von Krankheitswert. Die Neurosen äußern sich sämtlich in Anpassungsstörungen mit Fehlinterpretationen der Umwelt, verbunden mit einem Fehlverhalten innerer Organe. Zu neurotischen Störungen kommt es, wenn das seelische Gleichgewicht gestört wird. Das hängt ab von der Gesamtpersönlichkeit eines Menschen, seinen Umweltbeziehungen, den belastenden Ereignissen. Die Bedeutung eines Ereignisses hängt wiederum ab von der Persönlichkeit des Menschen, seiner Belastbarkeit und seinen Verarbeitungsmöglichkeiten. Die Neurosen äußern sich in

Symptomen, Störungen des Erlebens (sogenannten Psychoneurosen: Depression, Angst, Zwang, Entfremdungserscheinungen sind hier zu nennen), in Störungen körperlicher Funktionen (Herzdruck, Atemschwierigkeiten, Durchfall bei Aufregungen, Schlafstörungen, Körper- und Gliederschmerzen). Deshalb spricht man auch oft von Organneurosen.

Systemneurosen und Charakterneurosen

Häufige Erscheinungsformen schwerer Neurosen sind sogenannte Phobien, z.B. Angstgefühle bei Menschenansammlungen in geschlossenen Räumen, auf Straßen und Plätzen, oder Zwangshandlungen wie ständiges Kontrollieren oder Händewaschen. Hierzu gehören auch viele sexuelle Störungen wie Impotenz und Frigidität. Auch Suchtverhalten (Drogen-, Alkohol-, und Medikamentenmißbrauch) kann Ausdruck von Neurosen sein.

Eine andere Äußerung von Neurosen ist gestörtes Verhalten wie stärkere Hemmungen, mangelnde Durchsetzungsfähigkeit, Anklammerungstendenzen, Riesenerwartungen an die Umwelt mit überzogenen Forderungen, aber auch Geiz, Übergenauigkeit.

Man unterschiedet oft auch zwischen Symptomneurosen und den eigentlichen Charakterneurosen, den schwereren, die Persönlichkeit beeinflussenden Störungen. Trotz seiner neurotischen Störung bleibt der Kranke doch in vielen anderen Bereichen ungestört.

Die neurotische Störung wirkt sich vor allem auf die Arbeits-, Genuß- und Liebesfähigkeit, die Anpassungsfähigkeit, auf die zwischenmenschlichen Beziehungen aus. Der neurotische Mensch leidet selbst unter seinen Störungen, unter deren zwischen-menschlichen Auswirkungen, unter einem allgemeinen Unbehagen. Dieses tiefe Gefühl wird oft als Leidensdruck bezeichnet und ist in der Psychotherapie sehr wesentlich, wie später verdeutlicht werden soll. Bei neurotischen Störungen werden die eigene Situation und die Außenwelt verzerrt und unangemessen erlebt, so daß die Orientierung verloren geht und der Betroffene sich unangemessen verhält.

Struktur der Neurosen

Aus psychoanalytischer Sicht wird in vier typische Erscheinungsbilder unterteilt, in die schizoide, die depressive, die zwanghafte und die hysterische Neurosenstruktur. Diese neurotischen Persönlichkeits- oder Charakterstörungen sind im allgemeinen sehr fest angelegt, sie gehören gleichsam zur Persönlichkeit des Menschen, sind ihm in Fleisch und Blut übergegangen.

Häufige Erscheinungsformen schwerer Neurosen sind sogenannte Phobien, z.B. Angstgefühle bei Menschenansammlungen in

Wenn der Weg ins Freie versperrt ist, kann Psychotherapie helfen, innere Zwänge zu überwinden und Türen zum Ich und zum anderen zu öffnen.

geschlossenen Räumen, auf Straßen und Plätzen, oder Zwangshandlungen wie ständiges Kontrollieren oder Händewaschen. Hierzu gehören auch viele sexuelle Störungen wie Impotenz und Frigidität. Auch Suchtverhalten (Drogen-, Alkohol-, und Medikamentenmißbrauch) kann Ausdruck von Neurosen sein.

Korrigierbare Neurosen

Störungen, die auf dieser Grundlage entstehen, sind aber korrigierbar, denn neurotisches Verhalten ist erlernt und läßt sich daher auch verlernen. Bedeutsam für das Entstehen von Neurosen sind oftmals Umweltanforderungen, die das reale Leistungsvermögen überfordern oder in diesem Sinne erlebt werden. Neurosen sind neben den psychosomatischen Erkrankungen die eigentliche Domäne der Psychotherapie. Ihre Behandlung ist oft langwierig, aber dennoch lohnend.

Psychosomatische Erkrankungen

Zu den psychosomatischen Erkrankungen im engeren Sinne rechnet man Erkrankungen mit organischen Veränderungen, bei deren Entstehung und Verlauf psychische und soziale Faktoren überdurchschnittlich beteiligt sind. Meist ist hier auch eine neurotische Störung nachzuweisen.

Hier unterscheidet man zwischen psychosomatischen Erkrankungen im weiteren und im engeren Sinne. Bei den psychosomatischen Erkrankungen im weiteren Sinne handelt es sich um körperliche Beschwerden, die besonders in Abhängigkeit von äußeren oder seelischen Belastungen bzw. eigenen, inneren Ängsten auftreten und sich praktisch in allen Körpersymptomen äußern können, wie Herzdruck, Leibbeschwerden, Gliederschmerz, Kopfschmerz usw. krankhafte Organveränderungen treten nicht – oder noch nicht – auf.
Zu den psychosomatischen Erkrankungen im engeren Sinne rechnet man Erkrankungen mit organischen Veränderungen, bei deren Entstehung und Verlauf psychische und soziale Faktoren überdurchschnittlich beteiligt sind. Meist ist hier auch eine neurotische Störung nachzuweisen. Klassische psychosomatische Erkrankungen sind Asthma bronchiale, Angina pectoris, Migräne, Magen- und Darmgeschwüre, bestimmte Formen des rheumatischen Fiebers, hoher Blutdruck oder das endogene Ekzem. Den psychosomatischen Erkrankungen gemeinsam ist die Abhängigkeit von äußeren Belastungssituationen, die über die Erregbarkeit des Eingeweidenervensystems wirken.
Als eine gewisse Sonderform neurotischer Störungen und psychosomatischer Erkrankungen sehen wir die psychophysische Erschöpfung bzw. das „Ausgebrannt-Sein" als chronisches Streßsyndrom.

Persönlichkeitsstörungen

Es wird oft noch von Psychopathen und abnormen Persönlichkeiten gesprochen. Damit meint man Menschen, die von einer biologischen Durchschnittsform abweichen und damit ererbte krankhafte Konstitutionsvarianten aufweisen. Bei diesem Herangehen handelt es sich meist um Diskriminierungen und Etikettierungen; die Menschen werden in ein Schubfach geschoben, zum „Anderssein" verurteilt. Wir möchten hier, übereinstimmend mit vielen Ärzten und Psychologen, andere Akzente setzen. Es geht um die Abgrenzung typischer Persönlichkeits- bzw. Charakterzüge die, wie manche neurotische Symptombildungen,

das Resultat eines lebensgeschichtlich verständlichen Kompromisses zwischen den Trieben und Abwehrkräften sind.
In der Lehre der Psychoanalyse findet man vier Persönlichkeitstypen: den Schizoiden, den Depressiven, den Zwanghaften und den Hysterischen. Im Gegensatz zu den Neurosen handelt es sich doch um gewisse Verfestigungen, die zur Persönlichkeit gehören, dennoch existieren Übergänge in alle Richtungen.
Ohne ins Detail zu gehen, wollen wir zur Verdeutlichung die wesentlichen Gruppen kurz beschreiben:
Eine Gruppe von Persönlichkeitsstörungen ist besonders ausgewiesen durch vorrangig gefühlsgesteuertes Verhalten. Sehr dramatische Gefühlsäußerungen, Sprunghaftigkeit im Denken, Wechseln im Gefühlsfluß, Spontaneität gehören dazu, wie andererseits auch das Bemühen, zwischenmenschliche Beziehungen hauptsächlich zu manipulieren. Das gilt auch für das Verhalten in Therapiesituationen. Beispielhaft für diese Gruppe genannt sei die hysterische Persönlichkeit.
Eine andere Gruppe ist charakterisiert durch mangelnde Gefühlswärme, soziale Zurückgezogenheit, Distanziertheit und insgesamt durch Beeinträchtigung des Beziehungsverhaltens. Hier hinein gehört die paranoide und schizoide Persönlichkeit.
Eine dritte Gruppe faßt „abhängige" Persönlichkeiten zusammen, die besonders ängstlich, furchtsam und übergefügig gegenüber Autoritäten sind, gehemmt im Ausdruck der Aggressivität wie auch in der Durchsetzung allgemein.
Um solchen Menschen helfen zu können, müssen schon speziellere Psychotherapieverfahren zum Einsatz kommen. Die Chancen auf Erfolg sind zwar geringer als bei Neurosen und psychosomatischen Erkrankungen, aber doch durchaus vorhanden.

Alkoholismus ist eine Suchtkrankheit wie Drogen- und Medikamentensucht; sie führt in der Regel zu irreparablen Veränderung der Persönlichkeit und zu dauernden Schäden an inneren Organen, insbesondere der Leber und dem Gehirn.

Abhängigkeit und Sucht

Noch nicht deutlich genug für den einzelnen und auch nicht klar genug im öffentlichen Bewußtsein ist: Die Droge Nr. 1 in Deutschland heißt Alkohol!
Alkoholismus ist eine Suchtkrankheit wie Drogen- und Medikamentensucht; sie führt in der Regel zu irreparablen Veränderungen der Persönlichkeit und zu dauernden Schäden an inneren Organen, insbesondere der Leber und dem Gehirn.
Aus psychotherapeutischer Sicht ist das Trinken der immer wieder mißlungene Selbstversuch, Schwierigkeiten durch Alkoholkonsum zu lösen, also gewissermaßen eine gescheiterte Selbsttherapie.

Depressionen bringen nicht nur die Seele aus dem Gleichgewicht. Unbewältigt führen sie oft zu schweren Persönlichkeitsstörungen, die einer Psychotherapie bedürfen.

In einer Therapie muß der Alkoholabhängige wieder lernen, sich zu akzeptieren wie er ist, sich nicht zu überfordern, Beziehungen zu Menschen anzuknüpfen, seine Schwachstellen zu schützen und Schwierigkeiten ohne Alkohol zu bewältigen. Er bleibt ein Leben lang gefährdet.

Während sich beim Alkohol die Sucht schrittweise entwickelt, folgt beim Drogenkonsum einem gelegentlichen Probieren, meist mit den sogenannten „weicheren Drogen", oft der Einstieg in den Dauerkonsum von „harten" Drogen. Da Beschaffung und Konsum von solchen Drogen illegal und häufig auch von kriminellen Handlungen begleitet sind, begibt sich der Drogenabhängige sehr rasch außerhalb der gesellschaftlichen Normen und menschlichen Beziehungen, er wird einsam. So verringern sich seine Behandlungschancen oft erheblich; eine Therapie ist eher wirksam, wenn noch Bezugspersonen existieren.

Da sich Drogenkonsum und Drogenabhängigkeit in Deutschland seit einigen Jahren rasch ausweiten, sind physische und psychische Schäden in großem Ausmaß zu befürchten. Hier sind Medizin und Sozialbereiche eindeutig überfordert, der Staat muß handeln.

Psychosen sind für den Nichtbetroffenen praktisch nicht mehr nachfühlbar. Und gerade, weil der Betroffene sehr auffällig und für den anderen unbegreiflich ist, wird dieser Zustand oft nicht als Krankheit verstanden. Sie geht einher mit einem Verlust des Erkennens der Realität, mit der Leugnung der Realität, mit Gefühlen der Spaltung der Persönlichkeit.

Psychosen

sind Stürme in der Seele. Solche Störungen oder Erkrankungen sind für den Nichtbetroffenen praktisch nicht mehr nachfühlbar. Und gerade, weil der Betroffene sehr auffällig und für den anderen unbegreiflich ist, wird dieser Zustand oft nicht als Krankheit verstanden. Sie geht einher mit einem Verlust des Erkennens der Realität, mit der Leugnung der Realität, mit Gefühlen der Spaltung der Persönlichkeit.

Bei den Psychosen sind drei große Gruppen zu unterscheiden: Manie, Depression und Schizophrenie.
Himmelhoch jauchzend – zu Tode betrübt. Solche Stimmungsschwankungen kennt wohl jeder, der eine mehr, der andere weniger, der eine überwiegend nach oben, der andere mehr nach unten. Das ist normal.
Treten solche Phasen aber häufiger auf und tendieren sie vorwiegend in eine der Richtungen, kann es kritisch werden. Bei den leichteren Ausprägungen spricht man dann vom Hypomanen (nach oben) und vom Subdepressiven (nach unten).

Manchmal ist es einfach zuviel, was da Tag für Tag auf einen einstürmt. Spannungen bauen sich auf, die nicht selten die psychische Gesundheit in Gefahr bringen.

Manie

Menschen, die an dieser Störung leiden, haben eine euphorisch gehobene gereizte Grundstimmung. Sie sind meist heiter, oft aber auch streitsüchtig, allgemein enthemmt und antriebsvermehrt. Rededrang, Ideenflucht, Selbstüberschätzung sind zu finden. Das Selbstwertgefühl ist unglaublich übersteigert, wahnartig erhöht bis zum Größenwahn. Das ständige Getriebensein, die Reizbarkeit, oft verbunden mit sexueller Hyperaktivität ruft Schwierigkeiten im Beruf, Familie und Partnerschaft hervor. In den stärkeren Ausprägungen müssen sie vor sich und anderen geschützt werden.

Depressionen

Personen, die darunter leiden, sind schwermütig, haben überwiegend eine gedrückte Grundstimmung, sind traurig, ängstlich, verzweifelt. In Mimik und Gestik sind sie verarmt. Sie sprechen monoton, oft mit Seufzern. Schlafstörungen gehören fast immer zu diesem Krankheitsbild. Morgens sind sie meist noch gedrückter als des Abends. Alle großen Grundfunktionen – wie Appetit, Schlaf, Sexualität – sind bei diesen Menschen gestört. Diese Erkrankungen schwinden häufig von selbst, auch ohne Behandlung, allerdings oft erst nach Monaten.

Schizophrenie (Spaltungsirresein)

In diese Gruppe gehören Erkrankungen mit sehr vielgestaltigen Erscheinungsbildern, bei denen die verschiedenen Erkrankungstypen fließend ineinander übergehen können und beim gleichen Kranken auch im Laufe der Zeit abwechseln können.
Gemeinsamkeit ist eine Spaltung der Persönlichkeit, verbunden mit mangelnder Integration und der Lockerung oder Zerreißung von Zusammenhängen in den wesentlichen Verhaltens- und Erlebnisbereichen. Der schizophrene Patient hat die Fähigkeit verloren, sich abzugrenzen. Er fühlt sich oft von übersinnlichen Mächten oder von Dritten gesteuert, durch Wände und Türen hindurch beobachtet oder von Apparaturen bestrahlt, die ihm befehlen etwas Bestimmtes zu tun. Ein solcher Mensch ist oft hilflos und diesen Einflüssen ausgeliefert. Er nimmt sich nicht mehr als eigenständige Person wahr, sein Ich ist gespalten. Seine Wahrnehmung, sein Denken, sein Verhalten gehen oft wahnartige Wege im Sinne einer Privatlogik. So ist er tatsächlich sprichwörtlich in seinem gesamten Systemen „verrückt".

Auch diese Erkrankung wird von den anderen oft nicht rechtzeitig erfaßt und als Krankheit verstanden. Hier wird plötzlich jemand eigenartig, kapselt sich ab, reagiert mit unverständlichen Gefühlen, eigenartigem Verhalten. Gerade bei diesen Störungen hat die moderne Pharmakotherapie der letzten Jahrzehnte segensreich gewirkt. Eine regelmäßige Medikamenteinnahme kann auch einer Rückfallgefahr erheblich vorbeugen. Der schizophrene Mensch muß und kann es lernen, mit seiner Erkrankung umzugehen. Dabei muß ihm die Umwelt helfen. Besonders wichtig sind Partner, die zu ihm stehen.

Weitere hirnabhängige psychische Störungen

Geringere oder stärkere Störungen im Erleben und Verhalten können durch oft erhebliche Hirnveränderungen verursacht werden. Beispielhaft genannt seien die geistige Behinderung, angeborene Schwachsinnsformen, Störungen nach Verletzungen (Hirnerschütterung oder Hirnquetschung) sowie nach Infektionen des Gehirns, Störungen bei Stoffwechselerkrankungen wie Diabetes oder Psychosen in der Schwangerschaft und im Wochenbett. Hier geht es natürlich vorrangig um die Behandlung der Grundkrankheit durch Fachärzte. Psycho- und Sozialtherapie sollten jedoch immer Bestandteil des Gesamttherapieplanes sein. Solche Therapieformen können den Verlauf mildern und die Krankheit für den Betreffenden erträglich gestalten.

Schwere oder chronische Krankheiten gehen meist auch mit psychischen Belastungen und sozialen Problemen einher. Deshalb ist das Leben mit einer chronischen Krankheit, der Umgang mit ihr ein wichtiges Wirkungsfeld der Psychotherapie.

Somatopsychische Entwicklungen

Schwere oder chronische Krankheiten gehen meist auch mit psychischen Belastungen und sozialen Problemen einher. Man spricht von psychischen Komplizierungen organischer Erkrankungen oder somatopsychischen Entwicklungen. Deshalb ist das Leben mit einer chronischen Krankheit, der Umgang mit ihr ein wichtiges Wirkungsfeld der Psychotherapie. Dies gilt für alle Phasen des Krankheitsverlaufes und für alle Formen, sei es nun durch die notwendig gewordenen Lebenseinschränkung nach einer schweren Stoffwechselerkrankung, das radikal veränderte Leben nach Wirbelsäulenverletzungen und anderen Beeinträchtigungen des Bewegungsapparates, das Existieren mit einem künstlichen oder übertragenem Organ oder das Leben in Abhängigkeit von einer Maschine (der Dialyse). Hier geht es um Entängstigung, um Veränderung von Einstellung und Verhalten, um Bewältigungsformen (Coping-Strategien).

**Uferlos, aussichtslos?
Für den psychisch Kranken erscheint das Leben wie diese triste Landschaft. Er braucht viel Verständnis und geduldige Zuwendung, um der scheinbaren Ausweglosigkeit zu entrinnen. Hilfe zur Selbsthilfe ist gefragt.**

Die Zugänge zur Seele: Psychotherapieschulen und -richtungen

In den USA hat man angeblich über zehntausend „Therapieformen" gezählt. Die deutschsprachige Psychoszene reicht zahlenmäßig hier nicht heran. Dennoch ist auch sie für den einzelnen kaum überschaubar. Versuchen wir – wohl wissend, daß jede Einteilung unvollständig, lückenhaft sein muß –, aus der Fülle zu wählen, einen „roten Faden" zu finden, der möglicherweise die Qual der Wahl erleichtern kann.

Welche grundsätzlichen Psychotherapiezugänge zum so komplexen Menschen gibt es? Wie immer, so hängt auch hier das Urteil vom Standpunkt ab. Es existieren zahlreiche Einteilungsversuche, die sämtlich unvollkommen sind. Das liegt aber auch am Gegenstand. Viele Methoden können gleichzeitig in die eine oder andere Gruppe gehören.

Die unterschiedlichen Methoden in Therapieverfahren lassen sich nicht nur nach ihrem methodischen Vorgehen, nach ihrer Orientierung und Schwerpunktsetzung unterteilen, sondern auch nach ihren spezifischen Zielen.

Die unterschiedlichen Methoden in Therapieverfahren lassen sich nicht nur nach ihrem methodischen Vorgehen, nach ihrer Orientierung und Schwerpunktsetzung unterteilen, sondern auch nach ihren spezifischen Zielen. Einige Verfahren orientieren direkt auf die Beseitigung des Symptoms. Hier handelt es sich um eine spezifische Zielsetzung. Andere Verfahren lassen das Krankheitssymptom weitgehend außer acht und streben eine tiefgehende Veränderung der Persönlichkeit an. Hier handelt es sich um eine globale Zielsetzung. Hinsichtlich der angestrebten Veränderungen beim Patienten wird mitunter unterschieden in stützende, re-edukative und rekonstruktive Formen. Beim stützenden Vorgehen wird Trost, Ermutigung vermittelt, wird bedingungslos zugehört. Hier geht es auch um Suggestion und Anregungen, insgesamt um Entlastung des Patienten in Stärkung seiner vorhandenen Potenzen. Re-edukatives Vorgehen will Verhaltensweisen und Einstellungen gezielt verändern bzw. neue Erlebnis- und Verhaltensmöglichkeiten sowie Konfliktlösungspotenzen vermitteln. Rekonstruktive Zielsetzungen streben grundlegende Eigenschaften und Einstellungen der Men-

schen an. Hier geht es wieder um eine Umstrukturierung der Persönlichkeit.
In der klinischen Psychotherapie und Psychiatrie wird andererseits unterteilt in psychoanalytische Verfahren, in nicht-psychoanalytische Verfahren und in humanistische Therapien. Dies hat historische Gründe und auch ökonomische Motive. Ein Großteil der in Deutschland tätigen Therapeuten sind Psychoanalytiker oder Verhaltenstherapeuten, und diese großen Richtungen werden vorrangig auch von den Kassen bezahlt, darüber hinaus eigentlich nur noch Hypnose sowie übende und suggestive Techniken. Unsere Einteilung sieht folgendermaßen aus:

- Hypnose sowie übende und (auto-) suggestive Verfahren
- Tiefenpsychologie einschließlich klassischer Psychoanalyse
- Verhaltenstherapie
- Kommunikative und systemische Richtungen
- Erlebniszentrierte Verfahren einschließlich Körpertherapie und Bewegungstherapie
- Transzendenzorientierte und transpersonale Verfahren

Suggestive und autosuggestive sowie übende Verfahren

Suggestionen gehören zu den ältesten Beeinflussungen des Menschen durch den Menschen. Trancezustände wurden und werden von den Heilern aller Kulturen genutzt.

Unter Suggestion versteht man die Beeinflussung eines Menschen unter Umgehung der rationalen, der kontrollierenden Instanzen. Es geschieht also auf der Gefühlsebene bei positiver emotionaler Wechselwirkung.

Unter Suggestion versteht man die Beeinflussung eines Menschen unter Umgehung der rationalen, der kontrollierenden Instanzen. Es geschieht also auf der Gefühlsebene bei positiver emotionaler Wechselwirkung. Zweckmäßig unterscheidet man die Fremdbeeinflussung (Heterosuggestion) von der Selbstbeeinflussung (Autosuggestion). Die wesentlichste Methode der Fremdbeeinflussung in der Therapie ist die Hypnose. Viele magisch-mystische Vorstellungen verbinden sich mit der Hypnose, und dabei hat doch jeder Trance-Zustände seltener oder gar gehäuft erlebt. Es ist kaum bekannt, daß jeder normale Mensch – vom Kind bis zum grauen Panther – täglich Zustände leichter spontaner Selbsthypnose erlebt. Dazu gehören das sogenannte

dormitar, soñar despierto

Träumen bei Kindern wie Erwachsene, das „Dösen", aber auch jede Form von intensiver Konzentration, beispielsweise im Arbeitsprozeß, beim Lesen eines Buches oder beim engagierten Musikhören.

Intensivere Konzentrationsübungen gehen bereits über den ganz leichten Zustand spontaner Selbsthypnose hinaus. Bei religiösen Zeremonien – besonders, wenn sie von Musik begleitet sind – fallen viele Menschen spontan in eine mittlere Hypnose. Die Meditation der Oberstufe des autogenen Trainings oder der Yogapraktiken lösen Hypnosezustände höchsten, oder besser gesagt, tiefsten Grades aus. Daß auch der Autofahrer auf freier Strecke, entspannt am Lenkrad sitzend, bei monotonem Summen des Motors und regelmäßigem Wechsel von Licht und Schatten in einen hypnoseähnlichen Zustand versinken kann, ist von der Autobahntrance bekannt. Von namhaften Gelehrten wird berichtet, daß sie ihre wesentlichsten Entdeckungen in „Gedankenversunkenheit" oder „Geistesabwesenheit" gemacht haben. Bei ihnen handelt es sich natürlich nicht um einen Zustand, den wir etwa als „Dösen" bezeichnen, sondern um einen unbewußten, unbeabsichtigten meditativen Zustand, der zu höherer Geistestätigkeit führt.

Hypnose: dabei wird der Weg ins Unbewußte freigelegt. Viele psychische Störungen haben hier ihre Wurzeln.

Fremde Worte – die Hypnose

Zwischen hellster Wachheit und tiefstem Schlaf befindet sich eine Skala sehr verschiedenartiger Bewußtseinszustände. Jedes dieser elektronisch – mittels EEG – unterscheidbaren Stadien ist durch unterschiedliche psychophysiologische Prozesse gekennzeichnet. Mannigfaltige Faktoren beeinflussen die einzelnen Wachheitsstadien. Eine eintönige Umgebung mit weitgehendem Reizentzug und extremer Bewegungsarmut führt ebenso wie Reizüberflutung und Bewegungsrausch im ekstatischen Tanz zu Wahrnehmungsverzerrungen und Sinnestäuschung. Diese in vergleichbaren Realsituationen (eingeschlossene Bergarbeiter, Schiffbrüchige, Astronauten im All) auftretenden Bedingungen lassen sich simulieren.

Man bemüht sich bei der Hypnose zunächst um ein vermindertes Informationsangebot. Hierzu dienen Isolierung von der Umwelt, abgelegener, ruhiger und verdunkelter Raum sowie entspannte Körperhaltung mit geschlossenen Augen. Außerdem wird der Patient aufgefordert, sich ausschließlich auf die monotonen Worte des Hypnotiseurs zu konzentrieren. Durch die Beschränkung der Aufmerksamkeit auf einen begrenzten Ausschnitt verändert sich die Bewußtseinslage. Bei manchen Personen genügt zur Hypnoseeinleitung bereits längeres Fixieren eines glänzenden Gegenstandes. Der Therapeut muß nun versuchen, den Patienten in der Balance zwischen Schlaf- und Wachzustand zu halten, und mit fachkundigen Suggestionen gezielte Umschaltungen erreichen, zu denen ein Kranker allein nicht fähig ist.

Suggestibilität und Hypnotisierbarkeit sind normale Leistungen des gesunden Menschen. Ein gewisses Maß an Kooperationsbereitschaft vorausgesetzt, läßt sich prinzipiell jeder nervlich intakte Mensch in einen Zustand zwischen Schlaf und Wachheit versetzen. Bei Nervösen ist eine Hypnose schwieriger durchzuführen.

Wer kann hypnotisiert werden?

Suggestibilität und Hypnotisierbarkeit sind wie der Erwerb des autogenen Trainings normale Leistungen des gesunden Menschen. Ein gewisses Maß an Kooperationsbereitschaft vorausgesetzt – Überrumpelungen gehören nicht in den Kreis medizinischer Hypnose –, läßt sich prinzipiell jeder nervlich intakte Mensch in einen Zustand zwischen Schlaf und Wachheit versetzen. Bei Nervösen ist eine Hypnose schwieriger durchzuführen. Der Hypnoseeffekt wird von vielen Faktoren beeinflußt. Neben verschiedenen Eigenarten des Behandlers, seiner Art, sich zu zeigen, zu gehen und zu bewegen, seinem Blick, seiner Sprache (suggestiv sprechen heißt mit dem Ausdruck der Gewißheit sprechen), der Wertschätzung, die er genießt, oder der erworbenen

Qualifikation, spielen Bedingungen von seiten des Patienten mit. Als günstig erweisen sich eine psychisch unauffällige Gesamtstruktur, ausreichende Konzentrationsfähigkeit und ein mittlerer Grad allgemeiner Beeinflußbarkeit.
Der Hypnoseverlauf gliedert sich in mehrere Phasen. Der Vorbereitung, einem orientierenden und informatorischen Gespräch mit Abbau eventueller Zweifel und Befürchtungen, folgt die erste Sitzung. Zur Einengung des Bewußtseins wird ein Punkt oder ein Gegenstand fixiert. Monotone Wortreize und zunehmende Schläfrigkeit begünstigen die Umschaltung. Wie beim autogenen Training ist nicht das Sichwehren, das Beweisenwollen, daß es nicht gelingt, die beste Voraussetzung, sondern ein beobachtendes Verhalten.
Im nächsten Schritt, bei nunmehr verändertem Bewußtsein, erfolgen die therapeutischen Suggestionen. Nach der Desuggestion, also dem schrittweisen Abbau der gesetzten Hemmungen, erkundigt sich der Arzt beim Patienten nach den registrierten psychophysischen Veränderungen.

Der Sehweizer Psychiater Forel unterschied drei Hypnosegrade. Nach der noch heute gängigen Einteilung folgt der leichtesten Hypnose, dem benommenen, schläfrigen Zustand, ein hypotaxisches Stadium, ein mittlerer Stärkegrad, bei dem man unfähig ist, die Arme und die Beine willkürlich zu bewegen.
Zu dieser mittleren Hypnose gehört die Analgesie, also die Unempfindlichkeit gegenüber Schmerzreizen. Sie läßt sich für schmerzlose zahnärztliche Eingriffe oder kleine Operationen nutzen. Eine Erinnerungslosigkeit (Amnesie) tritt oft bereits in diesem Stadium spontan auf, kann aber auch suggestiert werden. Somnambulismus, eine Art des Schlafwandelns mit völliger Erinnerungslosigkeit, charakterisiert die tiefste Hypnose. Therapeutische Effekte sind in jedem Stadium möglich. Viele Behandler bevorzugen wegen der stärkeren Mitarbeit des Patienten leichte bis mittelgradige Hypnosen. Zum Hypnotisieren benötigt man keine magnetischen Kräfte oder überirdischen Fähigkeiten. Aber das Erlernen der Technik reicht zum fachkundigen Gebrauch nicht aus. Die therapeutische Hypnose gehört in die Hand eines Arztes oder Psychologen. Nur der Kundige vermag zu entscheiden, in welcher Krankheitsphase und bei welcher Persönlichkeitsstruktur diese medizinisch-psychologische Spezialmethode zum Einsatz kommen kann. Nur der Arzt oder der Psychologe ist fähig, Komplikationen vorzubeugen oder rechtzeitig zu begegnen.

Die therapeutische Hypnose gehört in die Hand eines Arztes oder Psychologen. Nur der Kundige vermag zu entscheiden, in welcher Krankheitsphase und bei welcher Persönlichkeitsstruktur diese medizinisch-psychologische Spezialmethode zum Einsatz kommen kann.

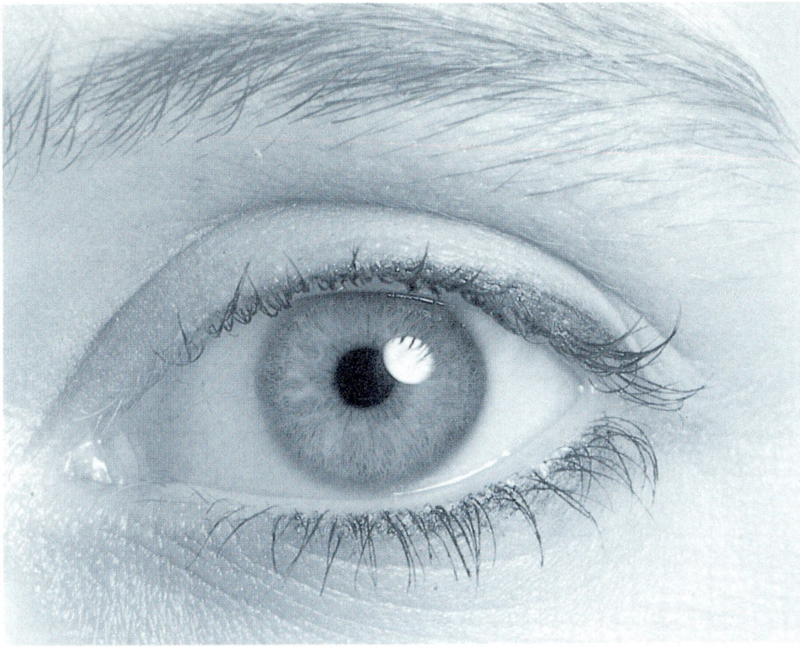

Zur Einleitung der Hypnose wird ein Punkt oder ein Gegenstand fixiert. Monotone Wortreize und zunehmende Schläfrigkeit begünstigen das Umschalten in einen Trance-Zustand.

Die „neue Hypnose" nach Milton Erickson

Abweichend von der vorn beschriebenen klassischen Hypnose entwickelte der Amerikaner Milton Erickson eine Hypnosetechnik, die sich mehr auf die Bedürfnisse, auf die Persönlichkeit des Patienten einstellt. Auch hier schuf ein Therapeut eine Behandlungsrichtung, die aus seiner eigenen Biographie, aus seiner Lebensgeschichte verständlich wird.

Erickson startete in dieses Lebensrennen mit ungünstigen Voraussetzungen, mit vielfachen Behinderungen. Schreib-Leseschwäche, Farbblindheit (nur mit dem Vermögen, Hell/Dunkel zu sehen), das Gehör fast zur Taubheit eingeschränkt, und später kamen als weitere Handicaps zweimal eine Kinderlähmung dazu. Erickson mußte sich immer mehr bemühen als die meisten Menschen seines Umfeldes. Er hatte die Alternative, mühsam und viel zu lernen oder zu kapitulieren. Er lernte viel – und war sogar dankbar für seine Schicksalsschläge, die ihn letztlich zu dem gezwungen hatten, was er geworden ist.

Notwendigerweise besonders sensibel für seine Mitmenschen geworden, verstand Erickson es später als Psychologe, sich vorzüglich in seine Patienten hineinzuversetzen, die ganz spezifischen

Probleme zu erfassen. Erickson war in ganz hervorragender Weise kontaktfähig, konnte auf eine eigene Art mit Patienten kommunizieren und sie im Sinne der therapeutischen Zielsetzung führen.
Erickson fand, formulierte und benutzte eine sehr breite Palette von originellen und oft humorvollen Techniken, um auf einen bedürftigen Menschen zuzugehen, mit ihm umzugehen. Ein Großteil dieses Erfahrungsschatzes ergab sich aus Ericksons Arbeit mit der Hypnose. Trotz des Drängens von interessierten Kollegen und begeisterten Schülern hatte Erickson seine Erfahrungen, Techniken nicht aufgezeichnet. Er meinte, die anderen nicht in ein System pressen zu wollen. Einige seiner Schüler ordneten dann den Fundus.
Milton Ericksons Hypnose stellt eigentlich einen ganzen und eigenen Psychotherapieweg dar. Nach seiner Vorstellung ist die Hypnose eine besondere Form der Kommunikation. Er hat sie zu dieser gemacht. Einige Grundhaltungen, die – unter anderen – nach Erickson ein Therapeut haben sollte, verdeutlichen dies.

Jeder Patient/Klient ist einzigartig

Nicht der Klient hat sich auf den Therapeuten einzustellen, sondern der Therapeut muß flexibel auf den Patienten zugehen, sich auf diesen einstellen.

Man muß ihn als ganz Eigenen annehmen und verstehen.
Jeder Mensch verfügt über riesige Potenzen, die aber bei vielen Klienten brachliegen, nicht ausreichend entwickelt sind.
Nicht der Klient hat sich auf den Therapeuten einzustellen, sondern der Therapeut muß flexibel auf den Patienten zugehen, sich auf diesen einstellen.

Die Funktion eines jeden Symptoms gilt es zu verstehen. Jedes Krankheitszeichen hat auch nützliche Seiten. Deshalb ist es nicht unbedingt erforderlich, das Symptom zu beseitigen. Oft ist es wichtiger, zusätzliche Reaktionsmöglichkeiten auf die das Symptom auslösende Ursache herauszufinden.
Wie er es bei sich selbst in Jahrzehnten geübt hatte, versuchte Erickson auch bei seinen Patienten den verborgenen Sinn der Krankheit herauszufinden und diesen im Interesse des Therapiezieles zu nutzen. Die in seiner Form der Hypnose eingesetzten Suggestionen erfolgen indirekt.
Auch Erickson arbeitete mit dem Unbewußten. Hierunter verstand er allerdings etwas anderes als die Psychoanalytiker. Für ihn beinhaltet das Unbewußte all die Lernerfahrungen eines Menschen. Da das Unbewußte klüger als das Bewußte ist, sollte man es öfter befragen. In der Hypnose nach Erickson tut man

dies. Antworten kommen dann als sogenannte ideomotorische Signale, d. h. der Körper macht bestimmte kleine Bewegungen, beispielsweise mit den Händen und Fingern. Deren Bedeutung muß man allerdings verstehen.
Die Vorteile der „neuen Hypnose": Der Therapeut kann flexibel auf die Bedürfnisse des Patienten eingehen. Über die Arbeit mit dem Unbewußten werden neue Möglichkeiten eröffnet.

Der autogene Entspannungsweg

Im autogenen Training lernt man Selbstentspannung, indem man die praktisch in jedem Menschen brachliegenden Fähigkeiten zur Autosuggestion, zur Selbstbeeinflussung nutzt.

Zunächst zur Begriffserklärung: Die griechischen Begriffe bedeuten autos = ich, selbst, und gen = entstehen. Autogenes Training ist ein im Selbst, d.h. in meiner Person entstehender Entspannungszustand. „Training" weist auf die Notwendigkeit des Lernprozesses hin und drückt aus, daß man sich, wie bei jedem Erwerben einer neuen Fähigkeit und Fertigkeit, ständig weiterentwickeln kann.
Im autogenen Training sind Erklärung und Anleitung notwendig. Das eigentliche Trainieren ist Aufgabe des Übenden. Im autogenen Training lernt man Selbstentspannung, indem man die praktisch in jedem Menschen brachliegenden Fähigkeiten zur Autosuggestion, zur Selbstbeeinflussung nutzt. Die Übungen des autogenen Trainings beziehen sich auf Zustandsänderungen im Körper. Denken wir z.B. an die Wärmeübung: Die Wärmeempfindungen kommen dadurch zustande, daß sich Blutgefäße in den entsprechenden Körperregionen erweitern. Um diese Erweiterung willentlich zu erreichen, ist zunächst einmal die Autosuggestion nötig und zum zweiten die „Einfühlung" oder die „Einspürung", z.B. im rechten Arm.
Die Fähigkeit, wohltuende körperliche Empfindungen wahrzunehmen, ist leider heute weitgehend verlorengegangen. Wir achten nur noch auf Körperfunktionen, wenn diese irgendwie gestört sind und nicht so ablaufen, wie wir es gewöhnt sind. Wir achten also nur auf negativ getönte Körpersignale. Im autogenen Training lernt man, seinen Körper im positiven Sinne zu erspüren und bewirkt damit eine neue Einheit von Körper und Geist.
Die Zustände und Empfindungen, die mit dem autogenen Training zu erreichen sind, hat jeder bei unwillkürlich ablaufenden Prozessen erlebt, vor dem Einschlafen, beim Musikhören, auf einer sonnigen Waldwiese... Das Neue ist letztlich, daß die Entspannungsempfindung nach entsprechender Übung willentlich und gezielt herbeigeführt werden kann.

Das Programm der Unterstufe

Die Unterstufe besteht aus sechs Standardschritten: Schwere, Wärme, Herz- und Atemruhigstellung, Leibwärme und Stirnkühle.
Zusammenfassung der einzelnen Übungsschritte der Grundstufe des autogenen Trainings:

1. Übung
Der rechte (linke) Arm ist ganz schwer.
Beide Arme sind ganz schwer.
Beide Beine sind ganz schwer.
Arme und Beine sind ganz schwer.

2. Übung
Der rechte (linke) Arm ist ganz warm.
Beide Arme sind ganz warm.
Beide Beine sind ganz warm.
Arme und Beine sind ganz warm.

3. Übung
Das Herz schlägt ganz ruhig und gleichmäßig.

4. Übung
Atmung ganz ruhig oder:
Es atmet mich.

5. Übung
Bauch (oder Leib oder Sonnengeflecht) strömend warm.

6. Übung
Stirn angenehm kühl.

Zurücknahme: Arme fest, tief atmen, Augen auf.

Bei normalem Verlauf sind in etwa einem Vierteljahr die Übungen der Unterstufe erarbeitet. In den folgenden sechs Monaten sollte das Programm durch zweimal tägliche Durchführung bekräftigt und intensiviert werden. Der zunehmend schnellere Übungseintritt gestattet, die Formeln zu verkürzen.

Bei normalem Verlauf sind in etwa einem Vierteljahr die Übungen erarbeitet. In den folgenden sechs Monaten sollte das Programm durch zweimal tägliche Durchführung bekräftigt und intensiviert werden. Der zunehmend schnellere Übungseintritt gestattet, die Formeln zu verkürzen. Die vollständige Beherrschung des gesamten Übungsprogramms ermöglicht die zusammenfassende Kurzform:

„Ruhe, Schwere, Wärme, Herz und Atmung ruhig, Leib (oder Bauch oder Sonnengeflecht) warm durchströmt, Stirn angenehm kühl."
Es empfiehlt sich, ein Übungsprotokoll zu führen. Hier werden täglich eingetragen: Übungszahl, Dauer, eingenommene Übungshaltung, innere Verfassung, äußere Bedingungen einschließlich Störungen und der erzielte Effekt.
Die vorstehenden Empfehlungen geben ein sehr grobes Gerüst. Entspannung wird sehr unterschiedlich erlebt und realisiert. Unter Anleitung eines Fachmannes, eines Arztes oder Psychologen, muß deshalb jeder seinen eigenen Weg gehen, um sich im Grunde sein eigenes Programm zusammenzustellen.
Nach vollständiger, sicherer und prompter Realisierung der Unterstufenübungen können in der Oberstufe die erreichten Wirkungen wie Ruhe, Entspannung, Wohlbefinden durch gezielte Meditationstechniken intensiviert werden. Über eine Art Bilderleben lassen sich dann Versenkungszustände von 15 bis 60 Minuten Dauer erreichen.

In einem Zustand tiefer Entspannung ist es möglich, bestimmte Körperfunktionen bewußt zu beeinflussen und gezielt zu steuern.
Danach fühlt man sich wie neu geboren.

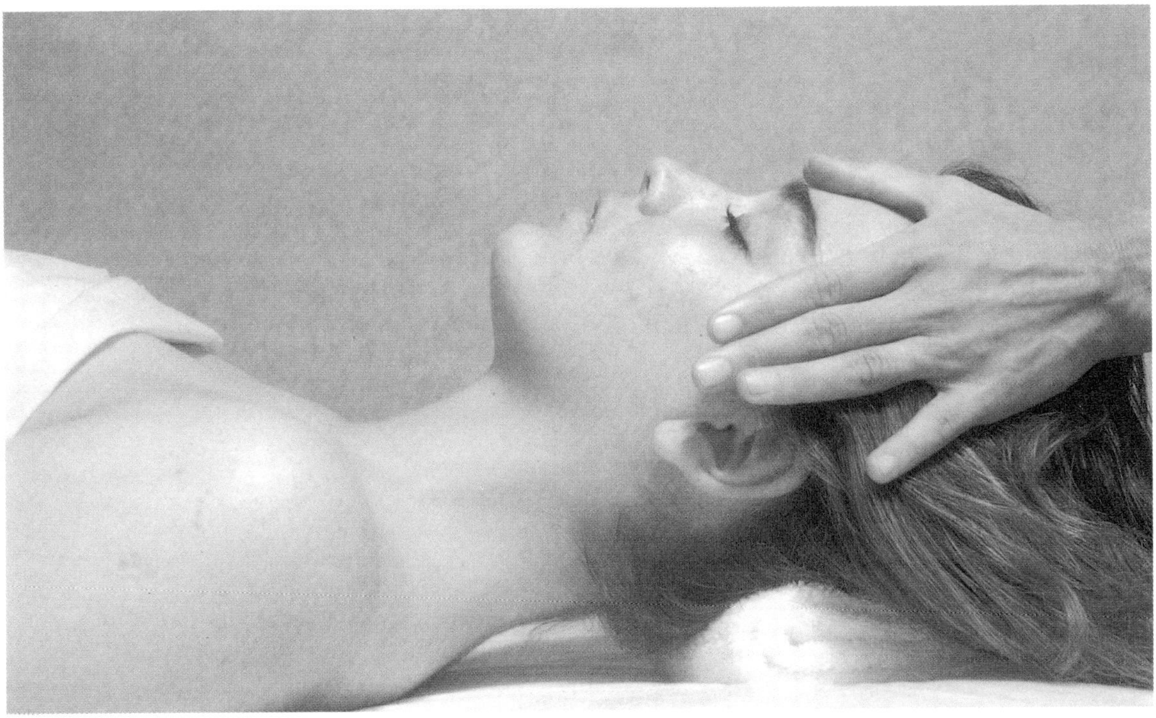

Progressive Relaxation

In den USA entwickelte Jacobson ein Entspannungsverfahren, das er progressive Relaxation (fortschreitende Entspannung) nannte. Jacobson hat sich viel mit Wesen und Funktion von Spannung und Entspannung beschäftigt.
Die neuromuskuläre Spannung ist durch erhöhte Erregbarkeit und Irritierbarkeit gekennzeichnet. Ursachen solcher Fehlhaltungen sind körperliche und/oder psychische Unlust sowie Schmerzerlebnisse verschiedensten Ursprungs. Schlechte körperliche Konstitution und schlechtes Allgemeinbefinden scheinen sie zu begünstigen.

Ein System, bei dem der Patient in mehreren Schritten (Arme, Beine, Atmung, Stirn, Augenpartien und Sprechorgane) eine Gesamtentspannung erlernt. Im Unterschied zum autogenen Training liegt der progressiven Relaxation eine mehr physiologisch orientierte Auffassung des Entspanntseins zugrunde.

Es wird zwischen Über- und Unterspannung, einer erregten und einer gehemmten Form der Nervosität unterschieden. Beide Zustände finden sich jedoch oft im gleichen Krankheitsbild. Mit Hilfe wohldurchdachter Experimente schuf Jacobson ein System, bei dem der Patient in mehreren Schritten (Arme, Beine, Atmung, Stirn, Augenpartien und Sprechorgane) eine Gesamtentspannung erlernt. Im Unterschied zum autogenen Training liegt der progressiven Relaxation eine mehr physiologisch orientierte Auffassung des Entspanntseins zugrunde.
Jacobson trainiert die Willkürmuskulatur. Er geht jeweils von der aktiven Anspannung aus. Am schwierigsten sind Sprech- und Augenmuskulatur zu entspannen. Der Patient muß erst den Unterschied zwischen Spannung und Entspannung begreifen und lernen, die abnehmende Muskelspannung zu registrieren. Parallel dazu kommt es zum Erleben der psychischen Entspannung.
Bei der sehr aufwendigen Jacobsonschen Methode wird zwei- bis dreimal wöchentlich unter Anleitung geübt. Dazu kommen ein bis zwei Stunden tägliche Übungszeit daheim. Der gesamte Kurs erstreckt sich über den Zeitraum eines Jahres.
Die sechs Übungsschritte sind:

1. Schritt - Entspannen der Arme
2. Schritt - Entspannung der Beine
3. Schritt - Atmung
4. Schritt - Entspannen der Stirn
5. Schritt - Entspannung der Augen
6. Schritt - Entspannung der Sprechorgane

Für alle Schritte gibt es spezielle Körperübungen.

Entspannende Musik

Die menschliche Psyche wird sehr stark durch den Rhythmus beeinflußt. Beim Anhören von Musik stellt sich der gesamte menschliche Organismus auf die Frequenzen des dargebotenen Musikstückes ein. Das läßt sich beispielsweise an Atemrhythmus, Herzfrequenz oder den Bioströmen des Gehirns kontrollieren. Sobald die Musik uns stimuliert, sobald wir „mitschwingen", entstehen in unserem Gehirn synchrone Rhythmen, die letztlich positive Emotionen auslösen. Bei negativen Emotionen lassen sich in unserem Hirn asynchrone Rhythmen nachweisen. Das ist z. B. der Fall, wenn Menschen der älteren Generation die sogenannten heißen Rhythmen der Jugendlichen als penetrante Belästigung erleben.
Die Atmung, eines der Spiegelbilder unserer emotionalen Verfassung, paßt sich dem gehörten und nachempfundenen Musikstück willkürlich an. So kann ein ruhiger, getragener Rhythmus in uns das Gefühl der Ruhe und Kraft erzeugen, während heiße Diskotöne aufpeitschen, aufschaukeln.
Ein dem Autor persönlich bekannter, recht sensibler Kollege legte nach beruflicher Anspannung am Abend häufig die „Pastorale" auf und schlief beim Musikhören ein. Die ausgesprochen musikalische Ehefrau schalt ihn einen Kunstbanausen, aber der beabsichtigte Effekt – emotionale Dämpfung und Entlastung – trat gleichsam bedingt-reflektorisch ein.

Einfach mal die Seele baumeln lassen...

Die Rezeption geeigneter Musik, meist klassischer Werke des 18. und 19. Jahrhunderts, in sitzender oder liegender, weitgehend gelöster Haltung führt zu einer vorsätzlich herbeigeführten Relaxation psychischer und motorischer Art. Durch eine intendierte „Korrespondenz der Aufmerksamkeit" (Schwabe) wird eine Erweiterung des Aufmerksamkeitsfeldes angestrebt.
Man läßt seine Aufmerksamkeit zwischen der Musik, der Körperwahrnehmung, den Gedanken, Gefühlen, Stimmungen und den von der Musik assoziativ ausgelösten Bildern und Erinnerungen pendeln, wobei die Musik zeitweilig in den Hintergrund rückt und gleichsam als Hintergrunderlebnis weiterführt. Die erforderliche Einstellung ist ein alles Akzeptieren, alles Geschehenlassen, Zulassen, Kommenlassen. Ohne Willensanpassung überläßt man sich der Wahrnehmung der Musik, der Körperhaltung und den ausgelösten Stimmungsgefühlszuständen.
In der entspannten Körperhaltung beobachtet man, wie man auf das Musikerlebnis reagiert. Gedanken kommen und gehen. Häufig treten Bilder auf. Sogenannte Störungen, wie Muskelzucken,

Sobald die Musik uns stimuliert, sobald wir „mitschwingen", entstehen im Gehirn synchrone Rhythmen, die positive Gefühle auslösen.

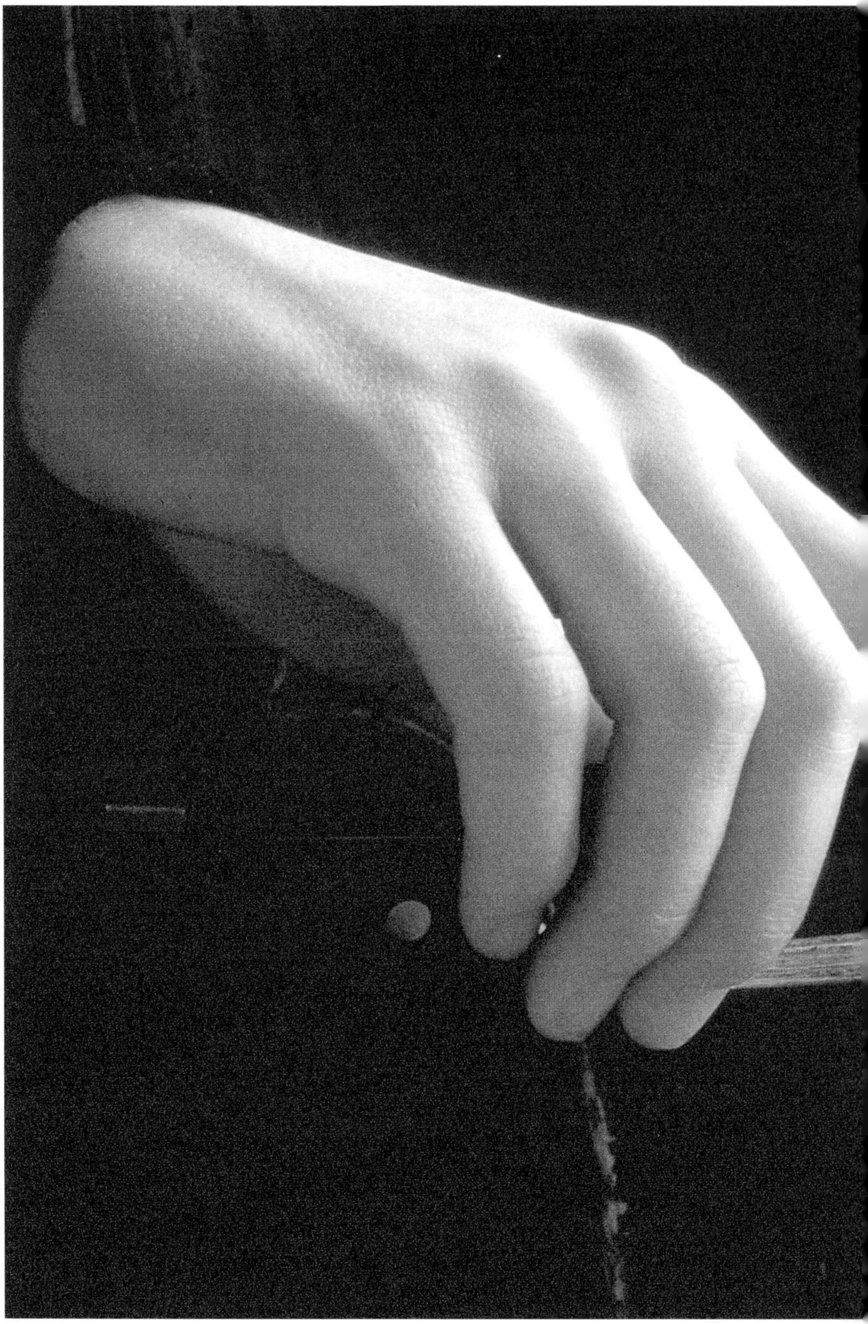

Wer sich der Musik überläßt, kann zu wohltuender Entspannung gelangen.

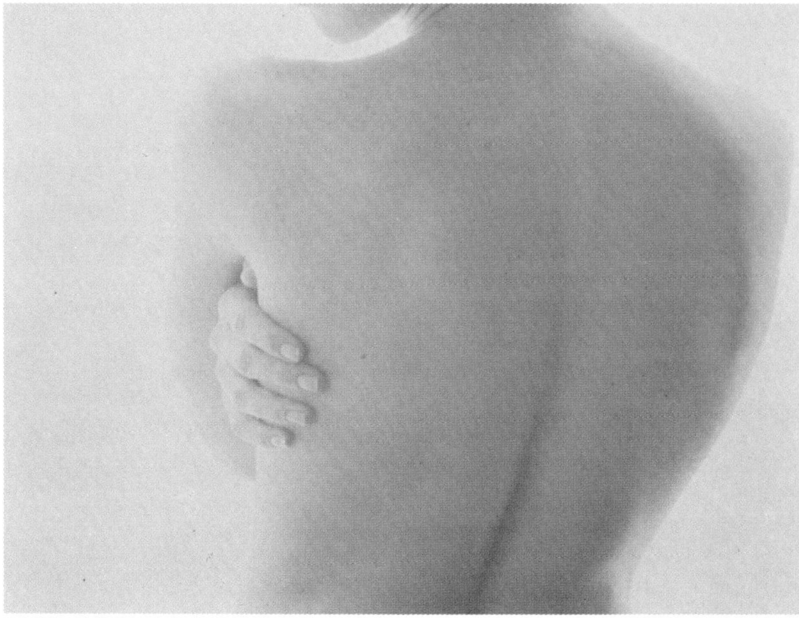

Körperspannungen lassen sich durch positive Emotionen abbauen. Die Musiktherapie ist ein Weg dazu.

Kribbeln usw., sind Ausdruck einer Abreaktion. Schwere- und Wärmegefühl zeigen eine eingetretene Entspannung an. Die so genutzte Musik dient vorrangig als Mittel für eine pendelnde Aufmerksamkeits-Umschaltung.

Entspannung trainieren

Wenn man sich diese Art von Musikhören zu einer Gewohnheit werden läßt, stellt sich ein Trainingseffekt ein. Man kommt immer schneller zu den erwünschten Wirkungen. Bei dieser Form der Musiktherapie beginnt man am besten mit „beruhigender Musik". Später lernt man, sich auch bei lebhafter Musik zu entspannen.

Am Ende der etwa viertelstündigen Musikdarbietung rekelt und streckt man sich und nimmt sich wie beim autogenen Training zurück.

Der Weg über die Musik zeigt uns sehr schön, daß die Strategie „Ich muß nicht" viel wirksamer gegen spannungsfördernde, verkrampfende Fehlhaltungen sein kann als die ständige Anforderung an den eigenen Willen.

Tiefenpsychologie und Psychoanalyse

Bei diesen großen Richtungen handelt es sich um die klassische Psychoanalyse nach Freud, die Individualpsychologie nach Adler, die komplexe Psychologie nach Jung und die neueren analytisch orientierten Richtungen, so die Neo-Psychoanalyse, die Selbstpsychologie , die Ich-Psychologie usw. Alle gehen von folgenden gemeinsamen Annahmen aus:

1. Im Seelenleben existieren gesetzmäßige Zusammenhänge.
2. Die wirksamen Antriebe unseres Verhaltens sind zum Teil unbewußt.
3. Konfliktsituationen, welche die psychische Leistungskraft eines Menschen überfordern, können dadurch scheinbar gelöst werden, daß manche der an ihnen beteiligten Impulse aus dem Bewußtsein verschoben, verdrängt werden, aber im Unbewußten aufbewahrt bleiben. Es handelt sich hier um die sogenannten Abwehrmechanismen.
4. Gegen das Bewußtmachen gibt es nun verschiedene Widerstände, die dem Menschen die peinliche Einsicht in das Unangenehme seiner Konstellation ersparen. Unter bestimmten Bedingungen können diese Widerstände herabgesetzt werden, z. B. unmittelbar vor dem Schlafen, im Traum, im freien Assoziieren oder in Wachphantasien.
5. Die Ursachen für physische Störungen und Erkrankungen liegen oft in der frühen Kindheit.
6. In der Psychotherapiesituation werden Gefühle, die früheren Beziehungspersonen zugedacht waren, auf den Therapeuten übertragen. Diese Gefühle lassen sich bearbeiten, und hier kann es zur Problemlösung und zu einer erfolgreichen Behandlung von Störungen kommen.

Konfliktsituationen, welche die psychische Leistungskraft eines Menschen überfordern, können dadurch scheinbar gelöst werden, daß manche der an ihnen beteiligten Impulse aus dem Bewußtsein verschoben, verdrängt werden, aber im Unbewußten aufbewahrt bleiben. Es handelt sich hier um die sogenannten Abwehrmechanismen.

Die klassische Psychoanalyse

Bei dem Wort Psychotherapie assoziiert wohl so mancher ganz spontan Freud und Psychoanalyse. Die Psychoanalyse ist tatsächlich sein Werk. Die moderne Psychotherapie verdankt ihm unglaublich viele Anregungen und Impulse. Wenn jemand den Nobelpreis verdient hätte, dann Sigmund Freud. Was hat dieser Mann nicht alles in Frage gestellt und in Bewegung gebracht.

In diesem riesigen Werk muß man unterscheiden zwischen der Psychoanalyse als Persönlichkeitstheorie und Lehre von der Entstehung von Krankheiten, von der Analyse als Therapiemethode und der Psychoanalyse als Methode zur Erfassung und Erforschung des Unbewußten.

Das Eisberg-Modell

Am berühmten Eisbergmodell läßt sich Wesentliches verdeutlichen:
Bei einem Eisberg schwimmt bekanntlich auch nur der kleinste Teil über dem Wasser, ist sichtbar – ein Siebtel, der weitaus größte unter dem Wasser. Über dem Wasser, das wäre das „Über-Ich", das sind all die Normen und Gebräuche, Sitten und Gesetze, die im Erziehungsprozeß, im Sozialisierungsprozeß entstanden und in die unsere Psyche gepfercht ist. Unter dem Wasser das „Es" mit den Trieben, Wünschen, Instinkten. An der Wassergrenze schließlich das „Ich", im ständigen Austausch mit „Über-Ich" und „Es". Alles Unangenehme, Schamhafte, Peinliche wird hinuntergeschoben ins „Es", ins Un- und Vorbewußte. Vielfach sind die Widerstände, sich dessen bewußt zu werden. Aber wenn es nicht aufgelöst wird, dann glüht es dort unten, kostet Kraft, macht möglicherweise krank. Wenn wir aber nicht berücksichtigen, daß soviel Un- und Vorbewußtes in uns existiert, dann könnte es uns ergehen wie dem Kapitän jenes Schiffes, der da freundlich zu uns herüberwinkt und der glaubt, an diesem kleinen Eisberg bequem vorbeizukommen und eben unter Wasser kollidiert.

Freie Assoziationen

Eine wesentliche Methode der psychoanalytischen Therapie ist die Arbeit mit der freien Assoziation. Hierbei soll ein Mensch möglichst spontan alle auftretenden Einfälle nennen. Der Analytiker verfolgt diese mit einer Atmosphäre „frei schwebender Aufmerksamkeit". In der therapeutischen Beziehung kommt es zu einer starken emotionalen Entwicklung.

Eine wesentliche Methode der psychoanalytischen Therapie ist die Arbeit mit den freien Assoziationen. Hierbei soll ein Mensch möglichst spontan alle auftretenden Einfälle nennen. Der Analytiker verfolgt diese mit einer Atmosphäre „frei schwebender Aufmerksamkeit". In der therapeutischen Beziehung kommt es zu einer starken emotionalen Entwicklung. Der Therapeut bekommt intensive Gefühle übertragen wie Wut, Aggression, aber auch verschiedene Formen von Liebe, einschließlich Erotik und sexueller Phantasien, die eigentlich Menschen gelten, die der Patient früher erlebt hat, mit denen ihn konflikthafte Beziehungen verbanden oder mit denen es auch heute noch so ist. Dies war die Übertragung. Die Gefühle, die der Therapeut entwickelt,

nennt man Gegenübertragung. Durch dieses Behandlungssetting versteht der Therapeut den unbewußten Beziehungskonflikt des Patienten und deutet diesen. Gegenüber diesen Deutungen entwickelt der Patient einen Widerstand, wie auch gegen die indirekte Aufforderung und die Notwendigkeit, sich zu ändern. Dieser Widerstand soll Angst vermeiden und das derzeitige psychische Gleichgewicht aufrechterhalten. Der Therapeut deutet nun wiederum diesen Widerstand, und der Deutung, das heißt der Bewußtmachung unbewußter Inhalte und ihrer krankheitsfördernden Bedeutung für den Patienten, folgt ein langwieriger Durcharbeitungsprozeß.
Ein Spezifikum der klassischen Psychoanalyse: Die Behandlung erfolgt im Liegen, der Analytiker sitzt hinter dem Patienten oder seitlich von ihm. Bei der „großen Psychoanalyse" finden in der Regel mehrere Sitzungen pro Woche statt, das Ganze dauert mehrere Jahre.
Die von Freud entwickelte Methode ermöglicht es, unbewußte psychische Prozesse und Inhalte bewußt zu machen. Die psychoanalytische Methode läßt sich aber nicht nur auf den einzelnen anwenden, sondern auch auf Gruppen, Institutionen und auch auf manches, was in sehr großen Dimensionen geschieht. So wird mit psychoanalytischem Verständnis manches, was Politiker tun – oder auch nicht tun –, verständlich.

Wenn ein Mensch bewußt wird, entstehen Pole zwischen Bewußtem und Unbewußtem, zwischen Person und Schatten, zwischen Männlichem und Weiblichem, zwischen der Gesellschaft und dem einzelnen, zwischen Gutem und Bösem. Die Aufgabe eines Menschen im Leben besteht nun in der Überwindung dieser Gegensätze, in ihrer Integration. Dies ist auch Aufgabe des therapeutischen Prozesses.

Die komplexe Psychologie C. G. Jungs

Jung, der sich – wie die meisten Partner und Schüler Freuds – mit diesem entzweit hatte, entwickelte seine ganz eigene Richtung. Bei Jung bilden Leben, Werk, Phantasien, Träume eine seltene Einheit. Für Jung lebt der Mensch in zwei Welten – der biologisch-animalischen und der geistig-spirituellen. Während die erste Welt der Mensch mit dem Tier teilt, ist die zweite spezifisch menschlich mit Philosophie und Religion. Für Jung besteht die Psyche aus dem Ich mit dem Bewußtsein und aus dem persönlich Unbewußten – er nennt es den Bereich der Schatten.

Hier geht es um das Nichtgelebte, das Vergessene, das Verdrängte und auch das Unbewußte. Dieses Unbewußte ist in der Psyche des einzelnen wie in der ganzen Menschheit vorhanden. Hier geht es um Dämonen, Götter, Märchen, Mythen, Träume. Wenn ein Mensch bewußt wird, entstehen Pole zwischen Bewußtem und Unbewußtem, zwischen Person und Schatten, zwischen Männlichem und Weiblichem (Animus und Anima), zwischen der Gesellschaft und dem einzelnen, zwischen Gutem und Bösem. Die Aufgabe eines Menschen im Leben besteht nun in der Überwindung dieser Gegensätze, in ihrer Integration. Dies ist auch Aufgabe des therapeutischen Prozesses.

Träume als Therapie

In der Jungschen Analyse werden Träume benutzt, auch aktive Imaginationen, „Bilderungen", Phantasiemeditationen und auch das unbewußte Gestalten, z.B. Arbeiten mit Ton. In der Therapie nach Jung ist die Persönlichkeit des Therapeuten entscheidend. Man hält sich an keine Neurosentheorie, keine klare Diagnose, keine fest vorgeschriebene therapeutische Technik.

Individualpsychologie Alfred Adlers

Wesentliches Therapieziel ist bei Adler ein Umdeuten, die Veränderung des bisherigen Bewertungsschemas. Die Therapie soll Lebensstil und Lebensplan so verändern, daß der Mensch sich selbst akzeptiert und einen Blick für die anderen und ein Gefühl für diese entwickelt.

Auch Alfred Adlers Therapierichtung erklärt sich aus der eigenen Biographie. In relativ armen Verhältnissen in Wien lebend, körperlich schwach und oft krank, fühlte er sich oft minderwertig. Doch in der Therapie richtete er sein Bemühen später auf das Minderwertigkeitsgefühl und das daraus entstehende Geltungsstreben.

Eine Neurose, d. h. eine Störung des Erlebens und Verhaltens entsteht – nach Adler – vor allen Dingen aus einem Minderwertigkeitsgefühl heraus. Dies können eingebildete, phantasierte Ursachen oder ganz reale Unzulänglichkeiten sein. Zum Ausgleich – mehr im Sinne einer Kompensation und oft auch Überkompensation – wird ein Bedürfnis nach Überlegenheit entwickelt.

Wenn der Mensch, so motiviert, Leistungen erbringt, ist er der Entwicklung der Menschheit förderlich, wenn sich dieses Bedürfnis aber in eine falsche Richtung entwickelt, können schwere Charakterstörungen mit Größenwahnphantasien die Folge sein. Als prominentes Beispiel wird hier oft der Diktator Josef Stalin genannt.

Wesentliches Therapieziel ist bei Adler ein Umdeuten, die Veränderung des bisherigen Bewertungsschemas. Die Therapie soll Lebensstil und Lebensplan so verändern, daß der Mensch sich selbst akzeptiert und einen Blick für die anderen und ein Gefühl für diese entwickelt.

Der Weg zum eigenen Ich führt manchmal durch längst vergangene und vergessene, zuweilen auch verdrängte Landschaften der Kindheit.

Tiefenpsychologisch fundierte Psychotherapie

Hier handelt es sich um Psychotherapiemethoden, die in ihrem Verständnis auf die klassische Psychoanalyse zurückgehen, deren Weiterentwicklungen beinhalten. Sie unterscheiden sich wesentlich durch ein modifiziertes Vorgehen, eine eng umgrenzte Zielsetzung, eine kürzere Dauer und ein andersartiges Setting. Da es in der Psychoanalyse um die Charakterarbeit geht, d.h. um die Strukturveränderung der Persönlichkeit, orientiert die tiefenpsychologische Psychotherapie auf einen umschriebenen, relativ bewußtseinsnahen Konflikt und die Beseitigung der durch den Konflikt unterhaltenen Symptome. Es geht auch mehr um die reale Lebenssituation des Menschen. Die Behandlung erfolgt im Sitzen. Es stehen 25 bis maximal 50 Stunden zur Verfügung bei einer Frequenz von höchstens einer Stunde pro Woche.

Die tiefenpsychologisch fundierte Therapie, letztlich eine psychoanalytisch orientierte Therapie, konzentriert sich vorrangig auf jene Konflikte, die mit dem Hauptproblem, dem Fokus, zusammenhängen. Sie verfügt über die am meisten ausgebildete und entwickelte Persönlichkeitstheorie aller Therapierichtungen.

Katathymes Bilderleben

Beim Bilderleben handelt es sich um eine gesteuerte Tag-Traum-Technik, um eine tiefenpsychologische Methode, die eine exakte, mehrjährige Ausbildung erfordert. Für das katathyme Bilderleben geeignet sind Menschen, die ohne große Mühe eine bildhafte Vorstellung auslösen können.

Im Bilderleben handelt es sich um eine gesteuerte Tagtraum-Technik, die der Göttinger Psychoanalytiker Hans-Karl Leuner entwickelt hat. Katathym bedeutet „der Seele oder der Emotionalität gemäß". Es handelt sich um eine tiefenpsychologische Methode, die eine exakte, mehrjährige Ausbildung erfordert. Für das katathyme Bilderleben geeignet sind Menschen, die ohne große Mühe eine bildhafte Vorstellung auslösen können. Deshalb wird nach einem einleitenden Gespräch oder in diesem geprüft, ob der Patient sich vor dem inneren Auge etwas vorstellen kann. Als Test benutzt man gern eine Blume. Ob ihre Qualitäten in Form, Geruch, Farbe usw. vor dem inneren Auge des Patienten erscheinen oder nicht, sagt schon sehr viel aus. Sollte es zu einer Therapievereinbarung kommen, wird der Patient meist noch in ein Entspannungsverfahren eingeführt, dies ist aber

nicht unbedingt erforderlich, denn das „Bildern" entspannt selbst oft recht gut.
Einerseits können spontan entstehende Bilder bearbeitet werden, andererseits gibt es aber auch bekannte Grundmotive, die der Patient sich vorstellen soll: Wiese, Bach, Berg, Waldrand und Haus. Wie beim autogenen Training unterscheidet man eine Grund- von einer Mittel- und einer Oberstufe. Das unterschiedliche Erscheinen der Grundmotive, ihr Erleben, das Leben in ihnen, mit ihnen, sagt sehr viel aus über die psychischen Probleme eines Menschen. Das Ziel ist unter anderem, sich selbst, auch mit den abgewehrten, nicht gemochten Teilen, zu akzeptieren.
Bereits unsere wenigen Angaben mögen manchen Leser verwundern. Man muß das Ganze erlebt haben, hinabgestiegen sein in die Tiefen und auch auf manche Höhe, man muß das Umwerten und das Verändern eines Menschen, oft unter Schmerzen und Erschütterungen vor sich gehend, mitbegleitet haben, um die Potenzen dieser Methode zumindest zu ahnen.

Psychodrama

Diese Methode wurde nach dem Ersten Weltkrieg von Moreno entwickelt. Aus seiner Sicht handelt der Mensch als Teil einer sozialen Gruppe, indem er eine bestimmte „Rolle" darstellt. Er erlebt sich immer in Beziehung zu anderen (Komplementärrollen). Er kann andere einfühlend verstehen über den gemeinsamen Besitz von Rollen, und man kann psychische Konflikte, d.h. zwei oder mehrere unterschiedliche Tendenzen bewußt erleben, um sie verändern zu können.
Die Behandlung erfolgt meist in Gruppen. Dargestellt werden sowohl reale Personen wie auch phantasierte. Durch die seelische Erschütterung, durch das Erleben kommt es oft schon zu einer Veränderung. Mitunter wird aber dieser aktuellen Beziehungsarbeit noch eine Phase angeschlossen, in der das Verhalten verändert wird.

Beim Psychodrama erfolgt die Behandlung meist in Gruppen. Dargestellt werden sowohl reale Personen wie auch phantasierte. Durch die seelische Erschütterung, durch das Erleben, kommt es oft schon zu einer Veränderung. Mitunter wird aber dieser aktuellen Beziehungsarbeit noch eine Phase angeschlossen, in der das Verhalten verändert wird.

Primärtherapie oder Behandlung mit dem Urschrei nach Arthur Janov

Janov, ein Psychoanalytiker, unzufrieden mit den Ergebnissen seiner Arbeit, bekam durch einen Patienten die entscheidenden Anregungen zu seiner eigentlichen Therapieentwicklung. Dieser Mann zeigte sich beeindruckt von einem Theaterbesuch, wo ein

Das Bild-Erleben kann als gesteuerte Tag-Traum-Technik Bestandteil einer tiefenpsychologisch orientierten Psychotherapie sein, bei der man lernt, sich selbst, so wie man ist, zu akzeptieren.

Schauspieler nach Vater und Mutter schrie, in Windeln umherlief und sich dann in eine Tüte erbrach. Janov forderte seinen Patienten auf, ebenfalls nach Vater und Mutter zu schreien. Dieser verwunderte sich zunächst, tat das dann, zuerst eher zögerlich, dann immer stärker und lauter. Nach diesem Schreien, schweißgebadet und erschöpft, meinte der vormals psychoanalytische Patient: „Ich habe es geschafft! Ich weiß jetzt nicht was, aber ich kann fühlen." Der Patient hatte die schmerzlichen Gefühle kindlicher Verlassenheit, der Angst und Abwehr verlassen. Nach Janov geht es bei den frühkindlichen Erfahrungen, den seelischen Traumata, vor allem um Versagung der Primärbedürfnisse wie Nahrungsaufnahme und Mutternähe. So entstehen Gefühle wie Enttäuschung, Einsamkeit und Haß, die negative Spannungen im Körper verursachen. Die Gefühle können sich unbewußt abspalten, so und ähnlich entstehen nach Janov verschiedene Formen neurotischer Störungen.
Die Behandlung, die Urschrei-Therapie, kann den Menschen helfen, ihre Gefühle wiederzuerlangen, Spannungen zu mildern, psychische Abwehr aufzugeben. Das Ganze soll wie eine Art psychischer Geburt verlaufen.

Die Urschrei-Therapie kann den Menschen helfen, ihre Gefühle wiederzuerlangen, Spannungen zu mildern, psychische Abwehr aufzugeben. Das Ganze soll wie eine Art psychische Geburt verlaufen.

Der wiederempfundene, verstandene und mit den frühen Lebensereignissen verknüpfte Schmerz befreit. Medikamente und auch Drogen wie Alkohol und Arbeitswut sind dann nicht mehr nötig, um die Schmerzen abzutöten oder zu übertönen.
Ein geschützter Rahmen und kundige Begleiter können den Therapieweg nach Janov ermöglichen. Das geschieht in der Regel in den Zentren für Primärtherapie. Eine Intensivtherapie, sie ist oft erst der Beginn einer längeren Behandlung, umfaßt meist drei Wochen. Eine einzelne Therapiesitzung kann bis drei Stunden dauern. Der Gesamtzeitraum der Behandlung erstreckt sich zum Teil auch über ein bis zwei Jahre.

Transaktionsanalyse nach Erik Berne

Die Transaktionsanalyse (TA) zeigt beispielhaft, wie schwierig die Zuordnung mancher Therapiemethoden zu einer der großen Therapierichtungen fällt. Wesentliche Wurzeln führen zweifellos zur Psychoanalyse mit dem Über-Ich, Ich und Es und manch anderem psychoanalytischen Verständnis. Da gibt es aber auch Ansätze von Alfred Adler, ebenso existieren gewachsene Verbindungen zur Gestalttherapie, zur kognitiven Verhaltenstherapie und Verwandtschaftsbeziehungen von bzw. mit dem Psychodrama,

der Bioenergetik, familientherapeutischen Ansätzen oder der Gesprächstherapie.
Was ist es denn nun, dieses scheinbare Sammelsurium? Es ist eine durchaus einfache, verständliche Methode, bei der die Patienten – hier Klienten genannt – ihre Probleme verstehen, begreifen sollen und eigenverantwortlich in die Therapie einbezogen werden.

Die eigene Botschaft begreifen

Die Transaktionsanalyse (TA) ist eine durchaus einfache, verständliche Methode, bei der die Patienten ihre Probleme verstehen, begreifen sollen und eigenverantwortlich in die Therapie einbezogen werden. In der moderneren TA wird die ursprünglich sehr erkenntnismäßig ausgelegte Praxis durch das Einbeziehen erlebnisaktivierender Methoden für den Menschen mit seinem Denken, Fühlen, Wollen erschlossen.

In der moderneren TA wird die ursprünglich sehr erkenntnismäßig ausgelegte Praxis durch das Einbeziehen erlebnisaktivierender Methoden für den Menschen mit seinem Denken, Fühlen, Wollen erschlossen. Erik Berne geht aus von drei Ich-Zuständen, dem Kind-Ich, dem Eltern-Ich und dem Erwachsenen-Ich. Diese haben wiederum unterschiedliche Zustände bzw. Formen. So gibt es ein freies Kind mit Spontaneität und Kreativität und das den Erwartungen der Erwachsenen unterworfene, angepaßte Kind. Das Eltern-Ich kann nährend oder kritisch sein. Aus der Perspektive der Transaktionsanalyse sind neurotische Probleme bzw. Transaktionen dadurch erklärbar, daß die Ich-Zustände in der unangemessenen Situation auftauchen. Sie nimmt weiter an, daß die Menschen ihr Leben unbewußt nach frühen Eltern-Botschaften (Geboten und Erwartungen) planen und organisieren. Ein gestörter Mensch schafft sich mit unbewußten Strategien, die Berne Spiele der Erwachsenen nennt, immer wieder eine (alte) Situation, die seine Lebenslinie, sein Skript, verwirklichen hilft.
Dieses Skript und diese Strategien werden in der Therapie dem Patienten verdeutlicht (gewußt, bewußt gemacht), die Methoden hierzu sind überwiegend aus der Gestalt-Therapie übernommen. In der Therapie soll die unbewußte Fügsamkeit gegenüber den Eltern-Botschaften zugunsten einer bewußten Entscheidung für das eigene, reife Skript aufgehoben werden.

Verhaltenstherapie

Kritiker und Spötter haben oft behauptet: Da werden an Ratten gesammelte Erkenntnisse auf den Menschen übertragen. Das stimmte so wohl niemals. Und übrigens hat das Ganze nicht mit Ratten, sondern mit einem Hund begonnen – dem berühmten Pawlowschen Hund, über den wir wohl alle letztlich die Lehre von den bedingten Reflexen begriffen haben.

Die Fesseln der kindlichen Gebote sprengen, den eigenen Weg finden...

Wie hängt das nun mit der Verhaltenstherapie zusammen? Im Gegensatz zu den Tieren, bei denen Verhalten überwiegend fest vorgegeben ist, z. B. durch Instinkte, die nach einem Schlüssel-Schloß-Prinzip ablaufen, ist menschliches Verhalten überwiegend erlernt. Der Mensch verfügt über die Freiheit zu lernen, er ist gleichzeitig bedroht von der Gefahr, Verhalten zu sehr (Ängste, Hemmungen) oder zu wenig (Kriminelle, Soziopathen) zu erlernen. Falsch erlerntes Verhalten, z. B. bestimmte Furchtformen, kann man korrigieren, nicht oder unzureichend erlerntes Verhalten, z. B. im Sozialbereich, wäre nachzulernen. Im Gegensatz zur Psychoanalyse interessiert frühkindliches Verhalten (fast) nicht. Es wird überwiegend im Hier und Jetzt gearbeitet.

Den Körper entdecken

Die moderne Verhaltenstherapie zieht die Beziehung zwischen Therapeut und Patient in den Behandlungsprozeß gezielt mit ein. Auch hier zeigt sich wiederum: Die großen Therapie-Richtungen nähern sich an. Denn auch in der Psychoanalyse hat man den Körper entdeckt und gemerkt, daß Einsicht und emotionale Betroffenheit allein nicht ausreichen. Es muß auch das übende Überwinden dazukommen, wie es in der Verhaltenstherapie so explizit praktiziert wird.

Verhalten wird inzwischen sehr weit gefaßt. Es beinhaltet nicht nur motorisches und soziales Verhalten (Handlungen), sondern auch verbale Aussagen eines Menschen über sich selbst (Kognition) und vegetative Reaktionen, d.h. das Verhalten des Eingeweide-Nervensystems. Die moderne Verhaltenstherapie sieht dies so:

Falsch erlerntes Verhalten kann man korrigieren, nicht oder unzureichend erlerntes Verhalten kann nachgelernt werden. Das sind die Chancen bei einer Verhaltenstherapie.

Drei Ebenen des Verhaltens

- Kognition / Bewußtsein
- Vegetative Reaktion
- Handeln

Mißverhältnisse bzw. Diskrepanzen zwischen diesen Ebenen sind in Diagnostik und Therapie bedeutungsvoll. Veränderte Einsicht ist jedoch noch kein Handeln. Verändertes Handeln verändert in der Regel noch nicht wirksam die Reaktion des Eingeweide-Nervensystems. Es gelten da ganz bestimmte Gesetzmäßigkeiten, die es zu berücksichtigen gilt.

Die wesentlichsten verhaltenstherapeutischen Methoden

Systematische Desensibilisierung

Unter Sensibilisierung versteht man die gesteigerte Empfindlichkeit gegen eine ganz bestimmte Substanz, gegen eine in der Kleidung verarbeitete synthetische Faser zum Beispiel, gegen Seifen oder Waschmittel, Medikamente, Pollen, Haustiere. Prinzipiell kann jeder Mensch gegen jeden Stoff allergisch, also überempfindlich reagieren. Selten liegt dieser Überempfindlichkeit eine erbliche Anlage zugrunde. Meist handelt es sich um einen „Lern"prozeß, in dessen Verlauf der von häufigen Reizeinführungen betroffene Organismus in überreichem Maße Abwehrstoffe bildet. Jeder zusätzliche Reiz wird in der Folge überstark beantwortet. Dieser Entstehungsmodus liegt insbesondere den allergischen Erkrankungen wie Asthma bronchiale oder Heuschnupfen zugrunde. Er wird zunehmend auch für andere Leiden diskutiert.

Eine Behandlungsmethode besteht in der Desensibilisierung, also im allmählichen Abbau der Überempfindlichkeit. Beim Heuschnupfen geschieht das beispielsweise durch rechtzeitige Gaben verdünnter Pollenextrakte, deren Konzentration mit jeder Dosis zunimmt. Durch die in Intervallen und in kleinen Portionen angebotenen Mittel „gewöhnt" sich der Organismus allmählich wieder an die zwischenzeitlich nicht vertragenen Substanzen. Aus Gründen besserer Verständlichkeit lassen sich mit einer gewissen Einschränkung auch manche Befindens- und Verhaltensstörungen einschließlich der erforderlichen Psychotherapie in der skizzierten Weise interpretieren. Eine von Angstgefühlen hervorgerufene Vermeidungshaltung begünstigt das bedingt-reflektorische Fixieren der Störung. Bei der systematischen Desensibilisierung wird der Patient schrittweise unter möglichst angstfreien Verhältnissen den bisher negativ erlebten oder den angstfördernden Bedingungen ausgesetzt.

Bei der systematischen Desensibilisierung wird der Patient schrittweise unter möglichst angstfreien Verhältnissen den bisher negativ erlebten oder den angstfördernden Bedingungen ausgesetzt. Man kann diese Methode gegen die verschiedensten Formen von Ängsten und Aversionen einsetzen.

Man kann diese Methode gegen die verschiedensten Formen von Ängsten und Aversionen einsetzen. Ganz praktisch kann das in der Realsituation geschehen, aber auch in der Vorstellung, denn Wolpe fand, daß die einzelnen Schritte einer psychischen Desen-

sibilisierung auch in der Vorstellung vollzogen werden können. Voraussetzung ist allerdings das vorherige Erlernen eines Entspannungsverfahrens. Parallel dazu erfolgt neben einer rationalen Psychotherapie die Aufstellung einer Angst-Hierarchie, d.h. eine Erfassung der kleineren und größeren angstauslösenden Situationen in einer Stufenreihe.
In der Tiefenentspannung stellt sich der Patient dann zunächst die Situation vor, die die geringste Angst auslöst, und hierbei kann er sich dann schrittweise steigern.

Der Methode der systematischen Desensibilisierung liegt die Überlegung zugrunde, daß Angst immer mit körperlicher und nervlicher Anspannung einhergeht und folglich Entspannung „entängstigt". Niemand vermag, sich einen wütenden Menschen vorzustellen, der gleichzeitig entspannt auf der Couch liegt; die beiden Zustände schließen einander aus. Ebenso verhält es sich mit Angst und Entspannung. Man nimmt praktisch in der Entspannung die Angst von der Situation.

Operante Verstärkungsmethoden

Diese werden überall verwandt, wo es um das Erwerben neuer Verhaltensmöglichkeiten geht. Man nutzt hierbei das operante Lerngesetz: Positiv verstärkte, d.h. belohnte Verhaltensweisen verstärken sich in der Zunahme ihrer Auftretenswahrscheinlichkeit. In der Verhaltensanalyse muß geprüft und im Therapieplan letztlich festgelegt werden, welche Verhaltensweisen aufgebaut werden müssen und was als Verstärker, d.h. als Belohnung, nutzbar ist.

Operante Verstärkungsmethoden werden überall genutzt, wo es um das Erwerben neuer Verhaltensmöglichkeiten geht. Man wendet dabei das operante Lerngesetz an: positiv verstärkte, d.h. belohnte Verhaltensweisen verstärken sich in der Zunahme ihres Auftretens.

Selbstsicherheits- und Kontakttraining

Zur Verbesserung des Verhaltens im Sozialbereich und zum Abbau realer Ängste werden verschiedenste Prinzipien genutzt. Häufig benutzt man auch Rollenspiele, bei denen Blickkontakt, Stimmlage, Eingehen auf das Gegenüber geübt werden.
Salter, der Begründer des Selbstsicherheitstrainings, fordert immer wieder dazu auf, Bedürfnisse und Wünsche auszudrücken, und es ist keine Katastrophe, wenn man das eine oder andere Mal nicht akzeptiert wird, man kann nicht jedem Menschen sympathisch sein. Die Früchte der Selbstbehauptung kann man nur genießen, wenn man das Risiko eingeht, von anderen auch abgelehnt zu werden.

Bio-Feedback

Der Gedanke, daß der Mensch nach einem entspechenden Lernprozeß eine Vielzahl sonst nicht bewußt zu beeinflussender physischer Funktionen zu kontrollieren vermag, liegt bereits jahrtausendealten Systemen wie Yoga und Zen zugrunde. Man findet diesen theoretischen Hintergrund auch beim autogenen Training und der progressiven Relaxation. Eine wesentliche Zielstellung hierbei ist das Erlernen der Entspannung. Über technische Hilfsmittel können körperliche Reaktionen wie der Hautwiderstand, die Muskelspannung, die Hirnaktivität, die Atemfrequenz oder der Puls aufgenommen, verstärkt und dem Patienten optisch oder akustisch zurückgemeldet werden. Man geht davon aus, daß durch eine sofortige Rückmeldung von Spannung bzw. Entspannung der Patient sensibler wird für seine Spannungs-Entspannungs-Relationen.

Die Methode des Bio-Feedback basiert weiter auf der Erkenntnis, daß sich auch unwillkürliche körperliche Reaktionen in ihrer Auftrittswahrscheinlichkeit relativ gut beeinflussen lassen, wenn ihr spontanes Erscheinen irgendwie belohnt und damit positiv bekräftigt wird.

Wenn also die bessere Entspannung die Zielstellung ist, dann lernt der Patient besser, wenn er die Rückmeldung erhält und erfährt, daß er sich auf dem richtigen Weg befindet. Er lernt am Erfolg und schreitet schneller voran.

Bio-Feedback kann auch als Einstieg in andere Entspannungsverfahren oder zwischenzeitlich zur Motivationssteigerung genutzt werden. Man sollte sich von solchen Geräten aber nicht abhängig machen.

Bio-Feedback kann auch als Einstieg in andere Entspannungsverfahren oder zwischenzeitlich zur Motivationssteigerung genutzt werden. Man sollte sich von solchen Geräten aber nicht abhängig machen. Ein derartiges durchaus brauchbares Vehikel kann eine tragfähige Therapeut-Patient-Beziehung nicht ersetzen.

Kognitive Umstrukturierung

Wichtiger als das tatsächliche Geschehen ist unsere Einschätzung, unser Erleben der Situation. Sinngemäß finden wir diese Überlegung in vielen philosophischen Systemen. Gerade bei psychisch gestörten Menschen geht es um eine Veränderung der Sicht, der Bewertung. Unter dem Oberbegriff kognitive Umstrukturierung ist nun eine ganze Reihe von Techniken zusammengefaßt, die sich z. T. sehr direkt um eine Korrektur, um die Veränderung von Einstellungen, Haltungen, Gedanken, Phantasien, Gefühlen bemühen. Besonders bekannt geworden sind die rational-emotive Therapie und die Depressionstherapie.

Wer bin ich wirklich? Was will ich? Selbstsicherheit und Kontaktfähigkeit lassen sich trainieren, Unsicherheit kann man überwinden.

Wiederum nach einer Diagnose, der Analyse, stellt man ein Therapieprogramm auf, das klare Therapieziele beinhaltet, und dann werden verzerrte und unangemessene Wahrnehmungen, falsche Denkmuster an der Realität geprüft und durch angemessenere ersetzt.

Noch einmal grundsätzlich zur Verhaltenstherapie

In der neueren Verhaltenstherapie werden Verhalten und Störungen nicht „trocken" und isoliert gesehen. Man bezieht Gefühle und Konflikte mit ein. Aber nicht die Aufdeckung des Konfliktes steht im Vordergrund, sondern das Erlernen oder Verlernen eines bestimmten Verhaltens. Wenn auch zunehmend mit und an der Beziehung gearbeitet wird, so steht im Mittelpunkt die bewußte Kooperation des Patienten, sein Veränderungswunsch.

Auch in der Verhaltenstherapie gehört vor die Therapie die Diagnose. Diese besteht vorrangig aus einer Verhaltensanalyse, in der die meist komplexen Zusammenhänge zwischen Reizsituation, Reaktion und Konsequenz der Verstärkung ermittelt werden. Die Analyse muß so genau wie möglich erfolgen und das Umfeld des Klienten berücksichtigen. Hierbei geht es um die Bedingungen und Situationen, die zu einem bestimmten Verhalten führen, und um die Konditionen, die Strukturen, die dieses Verhalten aufrechterhalten.
In der neueren Verhaltenstherapie werden Verhalten und Störungen nicht „trocken" und isoliert gesehen. Man bezieht Gefühle und Konflikte mit ein. Aber nicht die Aufdeckung des Konfliktes steht im Vordergrund, sondern das Erlernen oder Verlernen eines bestimmten Verhaltens. Wenn auch zunehmend mit und an der Beziehung gearbeitet wird, so steht im Mittelpunkt die bewußte Kooperation des Patienten, sein Veränderungswunsch. Der praktische Ansatz der Verhaltenstherapie beinhaltet etliche Vorteile. Diese Art des Herangehens ist vielen Ärzten mit ihrem medizinischen Denken sympathisch. Die Verhaltenstherapie ist durchschaubar für den Patienten. Arzt und Therapeut erhalten einen guten Einblick über Fortschritte oder Rückschritte. Man orientiert gemeinsam auf realisierbare Teilziele.
Zu den Indikationen, d.h. den Erkrankungen, bei denen Verhaltenstherapie angewandt wird:

1. Umschriebene Verhaltensstörungen wie Phobien, Ticks, Bettnässen
2. Fähigkeiten und Fertigkeiten, die aufgebaut werden müssen wie soziale Handlungen oder einfache Körperversorgungen
3. Abbau eines Überschußverhaltens (Genußmittelverhaltens)
4. Beeinflussung funktioneller vegetativer Störungen.

Mit gutem Erfolg wird Verhaltenstherapie auch bei Magersucht, Übergewicht und auch bei sexuellen Störungen eingesetzt.

Psychotherapie öffnet das Fenster zur Seele und öffnet zugleich der Seele ein Fenster zur Gesundheit.

Kommunikations- und systemorientierte Therapien

Systemische Therapie und Familientherapie

Störungen und Erkrankungen des einzelnen entstehen oft aufgrund gestörter Beziehungen zu den wesentlichsten Partnern. Dies gilt vorrangig für die Familie.

Störungen und Erkrankungen des einzelnen entstehen oft aufgrund gestörter Beziehungen zu den wesentlichsten Partnern. Dies gilt vorrangig für die Familie. Aus der übergreifenden Perspektive, die den Partner des Betroffenen und seine Familie einbezieht, versteht man oft erst die Störung, und sie läßt sich häufig auch erst unter Einbeziehung der wesentlichsten Bezugspersonen erfolgreich behandeln.

Zum besseren Erfassen und Verstehen von Familienstrukturen, der Familiendynamik, bieten Sozialpsychologen mehrere Methoden an. Man kann beispielsweise die Familie als eine dynamische Gruppe betrachten und die jeweilige Stellung, die Funktion des einzelnen Familienmitgliedes zu ergründen suchen (z.B. Leitfigur, Sündenbock, Prügelknabe usw.).

Ein anderer Zugang wäre der Rollenaspekt: Wer spielt in welcher Gruppe zu welcher Zeit welche Rolle? Mit „Rolle" meinen wir hier die Summe aller Emotionen, Erwartungen und Verhaltensweisen, die mit dem einzelnen Menschen bzw. mit einer bestimmten Position verknüpft sind.

Einige mögliche Rollenfunktionen werden deutlich an den Erwartungen, die Eltern bezüglich der Entwicklung ihrer Kinder haben. So soll da beispielsweise jemand das ideale Selbst verkörpern, so werden, wie man gern sein würde, wie man nicht sein konnte, oder ein anderer symbolisiert gleichsam den abgewehrten Teil, er wird zum Prügelknaben und Sündenbock delegiert. Weitere Möglichkeiten sind die eines Bundesgenossen, eines Partners, beispielsweise in der Solidarität gegen einen anderen Elternteil.

Paartherapie

Unter welchem Aspekt wählt man eigentlich seinen Partner? Systemtheoretiker gehen davon aus, daß durch die Wahl eines Partners ein bisher unvollkommenes System – zumindest relativ – stabiler wird. Was sind die dauerhaftesten Ehen und Partnerschaften? Auf diese oft gestellte Frage antwortete bereits vor mehreren Jahrzehnten nach umfassenden eigenen Untersuchungen der deutsche Nervenarzt Ernst Kretschmer. Er fand als dauerhafteste Ehen jene zwischen unterschiedlichen psychischen Strukturen. Einander ergänzende Menschen sind danach offensichtlich prädestinierter für ein langes Zusammenleben als gleichartige, gleichstrukturierte Persönlichkeiten.

Vom Ich und Du zum Wir

Was sind die dauerhaftesten Ehen und Partnerschaften? Man fand als beständigste jene zwischen unterschiedlichen psychischen Strukturen. Einander ergänzende Menschen sind danach offensichtlich prädestinierter für ein langes Zusammenleben als gleichartige, gleichstrukturierte Persönlichkeiten.

Bei den Partnerschaften lassen sich nach der Art, wo sich die Partner treffen und wie sie miteinander leben, wiederum mehrere mögliche Konstellationen unterscheiden. Im ersten Falle gehen beide Partner unter gewisser Aufgabe bisher innegehabter Positionen aufeinander zu. Sie gehen den Weg vom Ich und Du zum gleichberechtigten Wir. Sie treffen sich in der Mitte. Beide nehmen und geben. Der Weg, den sie miteinander beschreiten, übergreift eine möglichst große Etappe des nun gemeinsamen Lebens. Er führt mitunter bis an das Ende des einen („Bis daß der Tod uns scheidet"). Dieser Weg kann niemals ausschließlich geradeaus führen. Er verläuft im Zickzack und in Kurven. Einmal stützt der eine Partner, dann der andere; ein anderes Mal benötigt der eine Hilfe und Rat, dann der andere. Das sind eigentlich auch die Aufgaben einer Partnerschaft im weiteren Sinne, die sich niemals von selbst verwirklicht. Sie bleibt Aufgabe und Ziel ein Leben lang.

Die erste Konstellation zeigt, daß hier der eine Partner unter weitgehender Aufgabe seiner Persönlichkeit dem anderen entgegengeht.

Eine zweite Version symbolisiert das Nebeneinanderleben. Man hat sich eigentlich auseinandergelebt, weiß einander nichts mehr zu sagen. Gewisse Absprachen regeln den Umgang miteinander. Als Begründung hört man: „wegen der Kinder", „die Eltern sollen nichts merken", „meiner Mutter würde das Herz brechen" oder „wenn die anderen das erfahren". Der Notlügen oder Scheinargumente gibt es viele. In solch einer unglücklichen und eigentlich inhumanen Kombination leidet mindestens einer und erleidet dauerhaften Schaden für das weitere Leben.

Eine dritte prinzipielle Möglichkeit besteht im Auseinandergehen. Die Ehescheidungsraten in Ländern mit unterschiedlichsten Gesellschaftssystemen belegen diesen offensichtlich internationalen Trend. Zu leichtfertig wird die Entscheidung oft gefällt. Zu schnell kann man aus einer verpflichtenden, verantwortungsvollen Verbindung hinaus. Nicht selten wird das Ganze als Kavaliersdelikt betrachtet. Die Kinder bleiben zurück.

Viele Spekulationen. Viele Fragen. Viele Möglichkeiten. Welche Antworten! Es existieren dazu noch zu wenig allgemeingültige Aussagen. Wie wäre es mit einer gründlichen Vorbereitung und einer Art Prüfung auf die lebenslange Aufgabe Ehe?

Die meisten Ehen scheitern nicht am Mangel dessen, was man so landläufig Liebe nennt. Sie versagen oft an den Problemen des Alltags, an der zu kleinen Wohnung, an der Verteilung der Hausarbeit, an sexuellen Frustrationen, am Unvermögen, organische und soziale Bedürfnisse zu steuern und angemessen zu befriedigen. Viele Ehepartner scheinen nicht gelernt zu haben, miteinander angemessen umzugehen und zwischenmenschliche Probleme konstruktiv zu lösen.

Hilfe für „festgefahrene" Partnerschaften

Die meisten Ehen scheitern nicht am Mangel dessen, was man so landläufig Liebe nennt. Sie versagen oft an den Problemen des Alltags, an der zu kleinen Wohnung, an der Verteilung der Hausarbeit, an sexuellen Frustrationen, am Unvermögen, organische und soziale Bedürfnisse zu steuern und angemessen zu befriedigen.

Für „festgefahrene" Ehepaare bieten Sozialpsychologen, Familienberater und Paartherapeuten Änderungsprogramme an. Inzwischen kommt es hier schon zu einer gewissen Inflation. Die wichtigsten Ziele eines solchen Paarprogrammes sind:
Einübung der sozialen Fertigkeiten, die soziales Lernen verbessern, z. B. angemessen Gefühle ausdrücken, angemessen Rückmeldung geben (Feedback), Konflikte partnerschaftlich lösen, angstfreier werden usw.
Neue Erfahrungen mit der eigenen Person und mit dem eigenen Verhalten machen.
Lernen, neu und anders miteinander umzugehen, um so Störfaktoren und Probleme in der Beziehung immer wieder wahrzunehmen und einer Änderung zugänglich zu machen, so daß beide Partner sich ihrer Bedürfnisse in ihrer Beziehung bewußter werden und lernen, sie besser zu befriedigen.

Besser miteinander umgehen

Derartige Programme können und wollen nicht Probleme und Konflikte, die in jeder Partnerschaft auftreten, beseitigen. Sie wollen lediglich zum besseren Erkennen dieser Probleme und zum besseren Umgang mit diesen befähigen.
Grundsätzlich können alle Paare, die eine dauerhafte Beziehung eingegangen sind oder eingehen wollen, solche Programme durchführen. Ein Erfolg ist allerdings nur möglich, wenn beide Partner bemüht sind, ihr eigenes Verhalten zu überprüfen und eventuell zu ändern.

Familientherapie

Die Bedeutung einer psychischen Störung oder Krankheit ergibt sich oft erst aus dem Zusammenhang, der größere Zusammenhang ist in diesem Fall die Familie. Die Familie ist ein sich selbstregulierendes, nach eigenen Gesetzen funktionierendes System. Es funktioniert über sprachliche und nichtsprachliche Beziehungsmuster, die im Zeitraum des eigenen Entwicklungsprozesses durch Versuch- und Irrtum-Lernen entstanden sind. Familien, in denen gestörte Menschen existicrcn, regulieren sich durch Beziehunqsmuster, die exakt auf die Art ihrer Störung abgestimmt sind. Damit wird die Störung aufrechterhalten.

Zwei widerstrebende Tendenzen

In der Familie existieren, wie in allen lebendigen Systemen, zwei widerstreitende Tendenzen, einmal zur Homöostase, zum inneren Gleichgewicht, und zum anderen zur Veränderung. Beide Tendenzen ermöglichen erst das Funktionieren der Familie. Es handelt sich immer um provisorische Gleichgewichte. In kranken Familien existieren jedoch sehr starre Regeln und ein ständig sich wiederholendes Verhalten. In der Therapie geht es darum, die starren Verhaltensweisen und Regeln zu finden und den neuralgischen Punkt aufzuspüren, von dem aus Veränderung möglich ist. Heilung kommt durch Änderung der Verhaltensregeln dcs Systems zustande.

Familie: manchmal sind die Beziehungen gestört.

Die Familientherapie entstand in den fünfziger und sechziger Jahren. Sie hat sich vehement entwickelt. In ihr lassen sich die verschiedensten Rirhtungen finden: Systemtheoretische, strukturelle, psychoanalytische, humanistische, verhaltenstherapeutische. In Deutschland sind meist System- und Kommunikationstherapien mit psychoanalytischen oder humanistischen Konzepten verbunden.

„Schräge" Kommunikation

Die Amerikanerin Virginia Satir unterschied zwischen offenen und geschlossenen Familiensystemen und fand viele Formen der Kommunikation, besonders der schrägen oder der nicht direkten. Es kristallisieren sich in einer Familie gewisse Überlebensregeln heraus, die das Kind für sich entwickelt hat. Es gilt nun im Erwachsenenalter zu prüfen, ob diese notwendig sind oder ob dadurch das eigene Leben eher behindert und eingeengt wird.

Wohin? Der Weg ins Unbekannte kann auch zu uns selbst führen. Nur wer wagt, kann auch gewinnen.

Die Familientherapie interessiert sich nicht für die Entstehungsgeschichte psychischer Störungen des einzelnen. Die gibt es für sie nur im Zusammenhang mit pathologischem Verhalten und unangemessenen Kommunikationsmustern des gesamten gestörten Systems Familie.

Beziehungsmuster

Der Familientherapeut verhält sich neutral. Als eine der spezifischen Methoden benutzt er die sogenannte „circuläre Befragung". Er befragt hier einen Dritten jeweils über die Beziehung zu zwei anderen, aber real anwesenden Familienmitgliedern. Dies kann in den zeitlichen Perspektiven Vergangenheit, Gegenwart, Zukunft geschehen; es kann sich auch auf den verschiedensten Betrachtungsebenen abspielen. Aus den etwa gleichen Fragen, die allen Familienmitgliedern gestellt werden, ergeben sich dann Unterscheidungen, typische Beziehungsmuster. Letztlich kann man so Arbeitshypothesen bilden – und dann die gesamte Familie gezielt behandeln. Es werden Familienprozesse aufgezeigt und das Positive überwiegend betont. Gezeigte Verhaltensweisen werden umgedeutet und umgewertet. Damit will man die Veränderung innerer Bedeutungsgebungen erreichen.

Der Familientherapeut verhält sich neutral. Als eine der spezifischen Methoden benutzt er die sogenannte „circuläre Befragung". Er befragt hier einen Dritten jeweils über die Beziehung zu zwei anderen, aber real anwesenden Familienmitgliedern.

Familienmodelle

In manchen Familientherapien wird auch mit Familienmodellen gearbeitet: Zum Beispiel experimentiert man mit einer Ursprungstriade Vater-Mutter-Kind. Die Therapie kann beispielsweise so ablaufen, daß Bündnis oder Gegnerschaft in Rollen gespielt werden. Anschließend wird darüber gesprochen – viel Nachdenkliches, viel Beunruhigendes, Berührendes kommt da zutage.

Kritiker der Familientherapie meinen, daß man den einzelnen zu wenig sieht. Der Betroffene komme nicht zur Einsicht. Die Verordnungen von paradoxen Intentionen führe die Familie letztlich nur zu einer Art anderen Funktionierens.
In neueren Entwicklungen bringt man den systemischen und individualtypischen Ansatz, d. h. die Arbeit mit der Familie und mit dem einzelnen, wieder zusammen. Aus der Familientherapie entwickelte sich inzwischen auch eine systemische Einzeltherapie, in welche die Erkenntnisse eingegangen sind, die man in der Familientherapie gewonnen hat.

Den Dialog suchen

Der Familientherapeut erweist sich primär als Ermöglicher des Dialoges, eines alle Familienmitglieder einbeziehenden klärenden Gespräches, in dem so weit wie möglich die Interessen und Bedürfnisse jedes einzelnen Berücksichtigung finden. Die Forderungen an einen Familientherapeuten sind deshalb Allparteilichkeit, die Fähigkeit, die im System Familie steckenden Kräfte zu erkennen und damit umzugehen sowie die Bereitschaft, brachliegende, in Machtkampf umgeleitete oder blockierte Familienreserven freizusetzen und umzupolen, so daß sie der Entwicklung eines jeden Familienmitgliedes dienlich sind.

Möglichkeiten und Grenzen

Die Folgen und Hintergründe der Beziehungs- und Kommunikationsstörungen lassen sich nicht aus einer einzigen Sichtweise verstehen und erhellen. Es bedarf deshalb oft mehrerer und sich zum Teil überschneidender und ergänzender Perspektiven, so als müßte man eine Familie mit unterschiedlichen Teleskopeinstellungen, mal aus der Nähe, mal aus größerer Ferne und aus den unterschiedlichsten Blickwinkeln betrachten.

Einander verstehen. Vertrautheit schafft Nähe und läßt Gefühle zu. Wer sie äußert, kann viele Barrieren überwinden.

Fragen wir nunmehr nach Möglichkeiten und Grenzen einer „Familienmedizin", so geht es hier vor allem um Leiden, deren Verlauf durch die jeweils zentralen Beziehungen der Betroffenen wesentlich mitbestimmt werden.

Verhärtete Familienstrukturen „knacken"

Familientherapie ist inzwischen zu einer Art Spezialgebiet der Mediziner und Psychologen geworden. Sie hat krankmachende Beziehungen und Kommunikationsweisen zwischen Familienmitgliedern aufzudecken, die nicht nur für psychotische Entgleisungen, d. h. für schwere psychische und Nervenkrankheiten, sondern auch für psychosomatische Erkrankungen verantwortlich sein können.

Auf der Grundlage der neuen Erkenntnisse und mit Hilfe der neuen Strategien können Experten wie Psychiater, Psychologen, Psychotherapeuten, manche sich bisher dem therapeutischen Zugriff verschließende psychosomatische Erkrankung erfolgreich behandeln. Sie können chronifizierte und verhärtete Familienstrukturen aufweichen und „knacken".

Kommunikationsorientierte Therapien

Gesprächstherapie nach Carl Rogers

„Nichtdirektiv", „personenzentriert" oder auch „klientzentriert", gehört als Attribut unbedingt dazu, um die von Carl Rogers entwickelte Therapierichtung zu charakterisieren. Ein Mann steht mit seiner Persönlichkeit für diese Methode. Rogers glaubte an das Gute im Menschen, an dessen Selbstheilungstendenzen. Nicht zufällig lautet der Titel eines der wichtigsten Bücher von Rogers: „Die Kraft des Guten". Psychotherapie lernte er bei Rank, einem Freud-Schüler, und bald wurde es sein Prinzip, sich bei der Beratung nicht direkt einzumischen, sich auf die Kraft der Patienten zu verlassen.

Selbstbild und Idealbild

Ziel der Gesprächstherapie ist es, den Abstand zwischen dem „Selbstbild" und dem „Idealbild" des Patienten zu vermindern. Ich bin nicht mehr gegen mich, sondern mit mir!

Rogers definierte die therapeutische Beziehung als wachstumsfördernde Umgebung. Er stellte vieles bisherige Psychotherapie-Tun in Frage, forderte kritisch gegenüber der eigenen Therapie zu sein, und er war immer dafür, daß man Effekte der Therapie messen müsse, wie man auch bereit sein müsse, die einzelnen Schritte während des Prozesses ständig zu kontrollieren. Später hat er auch die für seine Therapie wichtigsten Dimensionen über psychologische Tests zu erfassen versucht: Die Diskrepanz zwischen dem „Wie ich bin", dem Selbstbild, und dem „Wie ich sein möchte", dem Idealbild. Gelingt die Therapie, vermindert sich der Abstand zwischen Selbst- und Idealbild. „Ich bin nicht mehr gegen mich, sondern mit mir", so hatte eine von Rogers Klientinnen festgestellt.
Rogers legte das Hauptgewicht auf die persönlichen Qualitäten des Therapeuten. Wenn diese über einige Grundvoraussetzungen verfügten, die zum Teil anlagebedingt, zum Teil lehrbar seien, und sich nach diesen angemessen verhielten, dann würde im Patienten ein positiver Prozeß in Gang gesetzt, der zur Überwindung der Störung führt.
Rogers Gesprächstherapie-Technik kann man nur gut machen, wenn sie aus dem Herzen kommt, das heißt, wenn man diese Seiten in seiner Persönlichkeit hat, meinte einer der Rogers-Therapeuten.

Wie möchte ich sein? Im vertrauensvollen Gespräch mit dem Therapeuten läßt sich die Kluft zwischen „Selbstbild" und „Idealbild" überwinden, Selbstzweifel heilen.

Was sind das für Anteile? Als wesentlichste Voraussetzung für die Therapie sieht man in der Gesprächstherapie drei „Grundvariablen für Therapeuten".
Echtheit und Selbstkongruenz: Echt und selbstkongruent müsse ein Behandler sein, identisch mit dem, was er sagt und wie er es sagt. Er soll stimmig mit sich selbst sein. Nach Rogers hat ein Therapeut diese Kongruenz erreicht, wenn er „imstande ist, akzeptierend auf das zu achten, was in ihm selbst vorgeht. Je besser er es fertig bringt, ohne Angst das zu sein, was die Vielschichtigkeit seiner Gefühle ausmacht, um so größer ist seine Kongruenz." Der Therapeut ist offen und spontan, er läßt seine eigenen Gefühle und Gedanken zu und ist hiermit ein Modell für die Selbsterforschung des Patienten.

Zuneigung, die nicht fordert

Positive Wertschätzung und emotionale Wärme: so lautet die zweite Dimension. Eine positive und nicht an Bedingungen geknüpfte Wertschätzung ist gemeint. Der Patient wird vorbehaltlos angenommen. Rogers umschreibt diese Position mit „Die Liebe im Menschen schlechthin" und „Eine Art der Zuneigung, die Kraft hat und die nicht fordert". Alle vom Patienten geäußerten Dinge und Eigenschaften werden akzeptiert.
Verbaliseren emotionaler Erlebnisinhalte: Zunächst geht es hier um Empathie, das Sich-in-andere-Hineindenken, besser „einstimmen" können, die Fähigkeit zum Mitschwingen. Rogers meint, „wenn jemand versteht, was für ein Gefühl es ist, Ich zu sein, ohne mich zu analysieren oder zu beurteilen, dann kann ich in einer solchen Atmosphäre aufblühen und wachsen". Und vom Therapeuten erwartet er, „die innere Welt des Menschen in ihren ganz persönlichen Bedeutungen so zu verspüren, als wäre sie die eigene (doch ohne die Qualität des „als ob") zu verlieren, das ist Empathie..."Aber die Empathie ist nur der eine Anteil dieser Grundvoraussetzung.

Die Gesprächstherapie-Technik ist nur durchführbar, wenn sie aus dem Herzen kommt. Wenn jemand imstande ist, akzeptierend auf das zu achten, was in ihm vorgeht.

Auf der Suche nach dem Wahren

Auf der Basis der Empathie erfolgt das eigentlich technische Vorgehen der Gesprächstherapie. Der Behandler bemüht sich, das vom Klienten Gesagte genau und in seiner emotionalen Bedeutung zu verstehen und meldet ihm diese seine Sicht zurück. Es geht darum, was der Klient wirklich meint, was er tatsächlich fühlt. Der Therapeut unterstützt den Klienten bei der Suche nach seiner wirklichen Wahrnehmung, nach seinen Gefühlen und Gedanken. Im Gegensatz zur Psychoanalyse geht es immer um die Gefühle des Klienten, nicht um jene, die der Patient in einem Therapeuten auslöst.

Die Therapeuteneigenschaften Echtheit und Selbstkongruenz, positive Wertschätzung und emotionale Wärme, Verbalisieren emotionaler Erlebnisinhalte ermöglichen dem Patienten, ohne Angst und Abwehr sich selbst immer besser und tiefer zu erforschen, sich zunehmend mit seinen wirklichen Bedürfnissen und Gefühlen kennenzulernen und sich eben so auch zu akzeptieren. Nichtdirektives Vorgehen bedeutet eben gerade dieses Gewähren, dieses Zulassen, das Anregen im Therapieprozeß, und es steht gegen ein Deuten und Anleiten, wie wir es einerseits mehr aus der Psychoanalyse und zum anderen mehr aus der Verhaltenstherapie kennen.

Sich selbst erforschen. So lernt man sich mit seinen wirklichen Gefühlen und Bedürfnissen kennen und akzeptieren.

Die Gesprächstherapie hat sich als Basisverhalten in verschiedensten Psychotherapierichtungen bewährt. In Deutschland gehört die Gesprächstherapie inzwischen zu den Therapierichtungen, in denen die meisten Therapeuten ausgebildet worden sind. Die Gesellschaft für Gesprächstherapie umfaßt beispielsweise mehr Mitglieder als die für Verhaltenstherapie.
Wie wird das Ganze durchgeführt? Meist in einer Einzeltherapie mit einer Stunde pro Woche über ein bis zwei Jahre. Es gibt auch Kurztherapien und auch Gruppenbehandlungen. Rogers selbst hat in seinen späteren Jahren besonders mit Gruppen gearbeitet und war von dieser Form fasziniert.

Neurolinguistisches Programmieren (NLP)

Diese Bezeichnung klingt wahrlich nicht nach emotionaler Wärme, wie sie soeben besprochen wurde, nach gefühlsbetonter Psychotherapie. Sie ist es auch nicht. Was ist psychoneurolinguistisches Programmieren, was verbirgt sich dahinter?
„Neuro" steht für neurophysiologische Vorgänge und bezieht sich auf das Körperliche. „Linguistisch" steht für Sprache, und „Programmieren" zielt auf die Neukodierung, auf das Umstellen von Sprache und Psyche. Wie kam es zu dem Verfahren, das eigentlich nicht entwickelt werden sollte? Der Sprachforscher John Grinder und der Gestaltpsychologe Richard Wandler wollten das Geheimnis erfolgreicher Therapeuten ergründen. Dazu analysierten sie mit Hilfe von Ton- und Videoaufzeichnungen Behandlungen von Fritz Perls, Virginia Satir und Milton Erickson. Was hatten sie herausgefunden?

Der Sprachforscher John Grinder und der Gestaltpsychologe Richard Wandler wollten das Geheimnis erfolgreicher Therapeuten ergründen. Dabei entwickelten sie das Neurolinguistische Programmieren.

Analoge Qualitäten

Die erfolgreichen Therapeuten hatten besonders gute „Antennen". Sie verfügten über eine sehr subtile Wahrnehmung ihrer Patienten, sie registrierten kaum noch bemerkbare Äußerungen, Botschaften aus Haltung, Mimik, Gestik. Wandler und Mitarbeiter nannten dies die analogen Qualitäten in Abgrenzung zu den sogenannten digitalen Qualitäten, den sprachlichen Äußerungen. Hier wurde wiederum bestätigt, was eigentlich längst bekannt ist: Über das Nichtsprachliche sind viel mehr Signale möglich als über das Sprachliche allein.
Wenn sich sprachlicher und körperlicher Ausdruck widersprechen, dann sagt fast immer der Körper die Wahrheit. Manche Therapeuten meinen sogar, der Körper lüge nie. Aber auch das

Registrieren sehr feiner Sprachmuster kann hilfreich für die Diagnose und die Therapie sein.

Im gleichen Schritt gehen

Viele Menschen erleben ihre psychischen Störungen als somatische Beschwerden, z.B. unerträgliche Kopfschmerzen oder auch Sehstörungen.

Nach Wandler und Grinder müssen gute Therapeuten gute Beobachter sein, und sie müssen sich auf den Patienten einstellen, dann kommt es zu einem guten Rapport. Dieser äußert sich beispielsweise in einer guten Abstimmung zwischen Atmung und Körperhaltung, zwischen Therapeut und Klient, „Pathing", etwa: Im gleichen Schritt gehen, meinten sie. Und im nächsten Schritt führt der Therapeut den Patienten. Dies geschieht, indem der Patient zunächst in einen tief entspannten Zustand versetzt wird. Der Patient soll jetzt Erinnerungsbilder kommen lassen. Vorher wurde ein sogenannter positiver und ein negativer Anker mittels Berührung gesetzt. Nach einer Reihe von Zwischenstufen werden dann beide Anker gleichzeitig ausgelöst. Infolge eines Lernprozesses soll das zu einem Löschen der negativen Erlebnisse, beziehungsweise zu einem Koppeln positiver Gefühle mit den vorher als negativ erlebten Situationen führen. Der Mensch soll nicht mehr fixiert sein auf negative Überzeugungen, die aus früheren Jahren stammen. Durch Bahnung neuer Reizreaktionsschleifen kommen positive Erfahrungen und Reserven der Persönlichkeit zur Wirkung.

Beim NLP geht man auch wieder von einem Unterbewußten aus. Zu diesem soll der Klient Kontakt aufnehmen. Das Unterbewußte ist in der NLP-Vorstellung eine Zweibahnstraße. Man kann Botschaften aus dem Unterbewußten bekommen und kann andererseits Informationen in das Unterbewußte hineingeben. Bei der Befragung des Unterbewußten registriert man die Körperspannung. Ein Entspannen bedeutet eine Zustimmung, eine vermehrte Spannungszunahme eine Absage.
In der Therapie geht der Therapeut mit seinem Klienten beispielsweise folgende Fragen durch:
Zum Ziel: Was ist das Ziel, wie wäre es, wenn man es innerlich wahrnehmen könnte?
Körperliche Situation: Wie würde man aussehen, wenn man das Ziel erreicht hätte?
Welche Fähigkeiten sind notwendig, um das Ziel zu erreichen?
Wie hoch liegt der Preis? Was bin ich – in übertragenem Sinne – bereit zu zahlen? Was muß ich für das neue Verhalten aufgeben?
Was wäre am Neuen, was am Alten positiv?

Welche Hinweise gibt es für die Zielerreichung? Wenn man das Neue erreicht hat, wie würde man es benutzen?
Vieles ist an der NLP interessant, beispielsweise die Tatsache, daß es eine Kurzzeittherapie ist und keine große Abhängigkeit vom Therapeuten entsteht .

Erlebnisorientierte Verfahren und Körpertherapie

Die in dieser Gruppe zusammengefaßten Methoden basieren sämtlich auf der Beobachtung und der These, daß in der Therapie ausgelöste intensive emotionale Eindrücke („Erlebnisse") körperliche und seelische Störungen korrigieren können. Auf dieser Basis ist in den letzten Jahrzehnten eine Vielzahl von Verfahren entstanden. Wir charakterisieren nachfolgend kurz die beiden auf Reich zurückzuführenden Methoden der Bioenergetik und die Biodynamische Therapie, beschreiben dann die Gestalttherapie nach Perls sowie die aus ihr hervorgegangene integrative Therapie nach A. Petzold.

Zwischen Körper und Psyche, zwischen Muskel und Charakterpanzer, zwischen Körperhaltung und Ich-Struktur bestehen enge Beziehungen, eine funktionale Identität. Unser Leben, unsere Geschichte, unsere Kämpfe, Niederlagen, aber auch Siege spiegeln sich in der Körperhaltung wider, in unserer Art zu sprechen.

Biodynamische und Bioenergetische Therapie

Wir fassen diese beiden Richtungen zunächst zusammen, um sie dann partiell getrennt zu betrachten. Was vereint die biodynamische und die biogenergetische Richtung? Die gemeinsame Wurzel. Sie basieren beide auf den Vorstellungen W. Reichs und dessen Energiekonzept. Reichs Theorie lautet sinngemäß: Zwischen Körper und Psyche, zwischen Muskel- und Charakter-Panzer, zwischen Körperhaltung und Ich-Struktur bestehen enge Beziehungen, eine funktionale Identität. Den Zusammenhang zwischen innerer und äußerer Haltung drücken Begriffe wie „halsstarrig", „niedergedrückt" usw. aus. Unser Leben, unsere Geschichte, unsere Kämpfe, Niederlagen, aber auch Siege spiegeln sich in der Körperhaltung wider, in unserer Art zu sprechen. Nach Reich ist die Art, etwas auszudrücken, das Wie, für die Diagnose oft entscheidender als das Was. Wenn bestimmte Reize nicht wahrgenommen, bestimmte Handlungen nicht ausgeführt werden können, der psychophysische Energiefluß blockiert ist, dann entstehen, zunächst latente, später verfestig-

te innere und äußere Einstellungen und Haltungen. Es kommt zu einem „Charakterpanzer". Dieser äußert sich vor allem in körperlichen Merkmalen wie schleppender Gang, gebückte Haltung, zusammengekniffene Lippen.
Eine zweite These Reichs: Es besteht eine enge Verbindung zwischen Atem und Emotion. Bei chronischem Muskelpanzer kann die Atmung nicht frei fließen. Wenn sich andererseits Blockierungen und Hemmungen lösen, wird die Atmung wieder freier, leichter, tiefer.
Dritte These: Bei sexueller Erfüllung baut der Körper alle überschüssige Energie ab, insbesondere jene, die sonst für neurotische Verhaltensmuster gebraucht wird. Wegen dieser These ist Reich sehr angefeindet worden. Später hat er sinngemäß formuliert, daß die volle Liebesfähigkeit, die Erlebnisfähigkeit im Sex, darauf hinweist, daß diese Liebesfähigkeit auch in anderen Lebenssituationen verfügbar sei.

Bioenergetische Therapie

In der Bioenergetik beeindruckt die körperlich-seelische Wechselwirkung, daß das Wahrnehmen, Verstehen, Verändern körperlicher Haltung das Reflektieren und Korrigieren seelischer Haltung nach sich zieht. Und dieser Weg funktioniert auch entgegengesetzt.

Die Bioenergetik geht aus von der Ganzheit des Seelischen und des Geistigen und der Einheitlichkeit einer leib-seelischen Energie.
Der „Charakterpanzer" drückt uns die meist unbewußte seelische Haltung aus, wenn wir ihn beeinflussen, wird Energie wieder freier verfügbar. Dies äußert sich im Psychischen in einem breiteren Spektrum an Interessen, in erhöhter Grundstimmung, größerer Offenheit und Weltzugewandtheit.
In der Bioenergetik beeindruckt die körperlich-seelische Wechselwirkung, daß das Wahrnehmen, Verstehen, Verändern körperlicher Haltung das Reflektieren und Korrigieren seelischer Haltung nach sich zieht. Und dieser Weg funktioniert auch entgegengesetzt. Die sämtlich unter unmittelbarer Leiderfahrung ansetzenden Methoden der Bioenergetik benutzen für Entspannungs-Spannungsregulierung diverse Atem- und Bewegungsübungen.

Biodynamische Therapie

Die später in London lebende Norwegerin Gerda Boyesen, in der Nähe von Oslo geboren, hatte in einer Art Selbsterfahrung Zusammenhänge zwischen Körper und Seele, zwischen Freude und Schmerz an sich selbst bemerkt. Gerda Boyesen entdeckte das Prinzip der von ihr so genannten Psycho-Peristaltik, einen subti-

len psychophysiologischen Mechanismus, eine Art Anti-Streß-Mechanismus. Über diesen Weg wird gestaute emotionale Energie abgeleitet. Sie sprach später von der Theorie der vegetativen Entladung.
Der körperliche Entspannungszustand mit dem Umschalten auf die entspannte Lage des vegetativen Nervensystems führt auch zu psychischer Entspannung, zu einem Abreagieren von Problemen und Schwierigkeiten. Auf ganz anderen Wegen kam übrigens ein anderer Forscher zu ähnlichen Ergebnissen: Luthe über die Abreaktion zur autogenen Therapie.
Auch Boyesen erklärt Blockierungen und Störungen, die verschiedenen körperlichen und psychischen Reaktionen, als gestörten Energiefluß. Sie geht sehr behutsam in ihrer Therapie vor. Sie beschäftigt sich zunächst mit dem, was reif ist.
In der ersten Phase der Behandlung fordert sie z. B. die Gruppenmitglieder auf, sich gemütlich in eine Ecke zu kuscheln und ihre Lebensgeschichte zu erzählen. Sie wendet sich ihren Patienten sehr zu und stützt diese oft. Ein Wandlungskonzept, wie es letztlich für Menschen mit sogenannten frühen Störungen angemessen ist.
Wohl nichts charakterisiert die Arbeit von Frau Boyesen so sehr wie ihre Umkehr des Freudschen Mottos: „Wo Es war, muß Ich werden" in „Wo das Ich war, muß das Es erscheinen". Es geht hier um einen Zustand der Glückseligkeit – ein wahrhaft ozeanisches Gefühl des Einsseins mit der Welt.

Seinen Körper bewußt erleben. Auch das ist ein Weg, um seelische Spannungen abzubauen.

Es existiert eine ganze Reihe weiterer Körpertherapien. Bevor wir uns der Gestalttherapie zuwenden, sollen kurz die Kommunikative Bewegungstherapie, die Eutonie sowie die Feldenkrais-Methode vorgestellt werden.

Kommunikative Bewegungstherapie

Hier geht es um die enge Verbindung des Körpererlebens mit psychischen Prozessen. Der Übende soll Bewegungsabläufe bewußter wahrnehmen und damit auch sich selbst und das eigene Handeln bewußter erleben.
Diese Art, sich kennenzulernen und in Bewegung zu kommen, sich zu begegnen, ermöglicht, Beziehungen und Werte (Sympathie, Antipathie) zu erfassen, in Frage zu stellen und neu zu gestalten.
Die Kommunikative Bewegungstherapie wird in der Regel in Gruppen durchgeführt. Die Begegnung der Gruppenmitglieder,

das Erleben der Gruppe als Ganzes und sich selbst als Teil der Gruppe aktiviert innere und äußere Bilder. Vertrauensübungen fordern zum Fallenlassen auf, zeigen aber beispielhaft auch, wer die anderen überfordert. Es geht wesentlich um das Erleben und Ausdrücken von Gefühlen in Beziehung zu sich selbst und in bezug auf andere. Das Erfahrene und Erlebte wird meist in parallelen Gruppengesprächen besprochen („bearbeitet"). Die Kommunikative Bewegungstherapie ist eine Methode mit tiefenpsychologischem Hintergrund.

Eutonie

Eutonie bedeutet ausgewogene Spannung. Aufbauend auf den Erfahrungen von Elsa Gindler und H. Jacobi, von denen übrigens auch die vorgenannten Methoden inspiriert wurden, und im Kontakt mit Feldenkrais entwickelte Gerda Alexander in Norwegen diese Methode. Sie geht davon aus, daß jeder Mensch seinen eigenen Rhythmus finden muß, um zu möglichst großer Ausgeglichenheit zu kommen.
Dies kann man erreichen, wenn man Bewegungsabläufe nicht mechanisch, sondern bewußt durchführt. Durch bewußtes Erleben und Erfahren werden Spannungen erkannt und gelöst. Es entsteht dadurch ein neues Körperbewußtsein. Gleichzeitig wird man sensibler und kritischer gegenüber seinen eigenen Gedanken und Gefühlen.
Letztlich führt Eutonie durch Spannungsausgleich dazu, daß man sich in seinem Körper mehr wohlfühlt. Dies sowohl in größter Entspannung wie in maximaler Kraftentfaltung. Das Ziel der Eutonie ist das Spannungs-Entspannungs-Gleichgewicht in allen Lebenslagen.

Letztlich führt Eutonie durch Spannungsausgleich dazu, daß man sich in seinem Körper mehr wohlfühlt. Dies sowohl in größter Entspannung wie in maximaler Kraftentfaltung. Das Ziel der Eutonie ist das Spannungs-Entspannungs-Gleichgewicht in allen Lebenslagen.

Feldenkrais-Methode

„Bewußtheit durch Bewegung" lautet der Titel des bekanntesten Buches von Mose Feldenkrais. Er selbst spricht von einem sanften und leicht erlernbaren Weg zur Selbstverantwortung und Selbstheilung, zum eigenen Ich.
Autoritäre Erziehung, Dressur, Reglement, soziale Zwänge und seelische Traumata führen nach Feldenkrais zur geistigen Einengung und körperlichen Verhärtung. Spürbar wird dies in Muskelverspannungen bis zum Muskelpanzer. Über die Feldenkrais-Therapiemethode lernt man sich zu lösen, neu zu ordnen im Geistigen wie im Körperlichen.

Äußere Zwänge führen zur geistigen Einengung und zur körperlichen Verhärtung. Durch bewußtes Erleben und Erfahren werden diese Spannungen gelöst.

Gestalttherapie

Psychische Störungen sind immer das Ergebnis einer Selbstentfremdung. Heilung geschieht durch Wiederherstellung des eigenen Lebensflusses, dem Wahrnehmen, Zulassen, Ausdrücken angenehmer, aber auch unangenehmer Gefühle.

Es war wohl letztlich ein Glück, daß Sigmund Freud den Frederic Salomon Perls nicht empfangen hat. Dieser, selbst als Analytiker ausgebildet, meinte später bedauernd, daß er der Psychoanalyse seine besten Jahre gegeben habe. Letztlich überwand er die Einengung der Psychoanalyse und schuf die Gestalt-Therapie.
Der Name ergab sich aus einer der theoretischen Wurzeln, der Gestalt-Theorie. Diese sieht psychische Funktionen vor allem in Bereichen des Wahrnehmens, Denkens und sozialen Verhaltens, als Ausdruck von Gestaltbildungen, Figuren. Wovon geht die Gestalt-Therapie aus?

Jeder Mensch besitzt ein System psychischer Selbstregulation, „Leben bedeutet fortwährendes Wachsen und Reifen."
Dies setzt Bewußtheit voraus. „Wenn der Prozeß des Bewußt- oder des Gewahrseins blockiert ist, treten Stagnationen, Störungen auf."
Die Therapie beeinflußt, unterstützt den Prozeß der Wahrnehmung und Bewußtheit. Sie regt hierzu den Patienten auf verschiedene Weisen an.
Die Therapie erfolgt grundsätzlich im Hier und Jetzt.

Die Gefühle akzeptieren

Das Wahrnehmen und Akzeptieren der Gefühle ist ganz wesentlich, ja entscheidend. Diese Gefühle werden oft und aus den verschiedensten Ursachen heraus nicht angenommen. So ist es mitunter bei einer Hilflosigkeit, die der einzelne als unvereinbar mit seinem eigenen Weltbild erlebt. Es geht wesentlich um Angst und abgespaltene Anteile der Persönlichkeit.
Psychische Störungen sind immer das Ergebnis einer Selbstentfremdung. Heilung geschieht durch Wiederherstellung des eigenen Lebensflusses, dem Wahrnehmen, Zulassen, Ausdrücken angenehmer, aber auch unangenehmer Gefühle. Häufig benutzte Techniken sind:

Die Betonung: Ein Klient wird aufgefordert, das, was er bei sich bemerkt, zu betonen, d. h. zu überzeichnen, um deutlicher zu sehen und zu verstehen. Der Therapeut spiegelt dem Patienten seine äußere und innere Haltung vor.

Innere Dialoge: In der Therapie soll ein Patient sich bemühen, seine inneren Konflikte, Probleme und Schwierigkeiten darzustellen. Hierzu wechselt er ständig zwischen mehreren Stühlen, auf die er sich tatsächlich setzt. Das Für des derzeitigen Problems äußert er auf dem einen, das Wider auf dem anderen Stuhl. So lernt man die unterschiedlichen Seiten des Problems besser kennen; sie sollen so verdeutlicht werden. Auf diesem Wege wird es möglich sein, sie leichter zu lösen, sie leichter in sich zu integrieren.
Herstellung eines Bewußtseins-Kontinuums: Hier sollen gleich dem freien Assoziieren in der Psychoanalyse spontane Einfälle geäußert werden.
Der Therapeut schneidet die Wege ab, die vom Problem fortführen, er bringt den Patienten immer wieder zum Problem zurück und benutzt vorrangig die gegenwartsbezogenen Fragen: „Was fühlst du gerade jetzt, was tust du, was vermeidest du, was erwartest du?"
Durch Gestalt-Therapie soll einem gestörten, neurotischen Menschen über das Gewahrwerden seiner Selbst und seiner Bedürfnisse, über das Aufheben seiner Blockierungen zur Ganzheit, zu einer geschlossenen Gestalt verholfen werden.

Durch Gestalt-Therapie soll einem gestörten, neurotischen Menschen über das Gewahrwerden seiner Selbst und seiner Bedürfnisse, über das Aufheben seiner Blockierungen zur Ganzheit, zu einer geschlossenen Gestalt verholfen werden.

Im Augenblick leben

Abschließend noch einiges zur Lebensphilosophie von Perls, die man summarisch mit „Im Augenblick leben" oder „Im Jetzt leben" überschreiben könnte. Die Regeln:
Erstens: Kümmere dich wesentlich mehr um die Gegenwart als um deine Vergangenheit oder Zukunft.
Zweitens: Setze dich mehr auseinander mit dem, was da ist als mit dem, was abwesend ist.
Drittens: Erlebe die Dinge und stelle sie dir nicht nur vor.
Viertens: Übe statt zu denken.
Fünftens: Bring deine Gefühle zum Ausdruck, statt sie zu rechtfertigen oder zu erklären oder die anderer Personen zu bewerten.
Sechstens: Öffne dein Bewußtsein ebenso dem Schmerz wie der Freude.
Siebentens: Gebrauche „sollte" und „man" nicht.
Achtens: Übernimm Verantwortung für deine Handlungen, Gefühle und Gedanken.
Neuntens: Schick dich drein, die Person zu sein, die du bist.
Perls forderte dazu auf, eine gegenwartsorientierte, sinnliche, spontane Person zu sein, die großen Wert darauf legt, ihre eige-

Arbeit mit kreativen Medien kann helfen, Verdrängungen aufzuheben und Ängste sichtbar werden zu lassen.

nen Bedürfnisse zu befriedigen, wie sie gleichzeitig die Bedürfnisse der anderen respektiert.

Integrative Therapie nach Hilarion Petzold

Im theoretischen Hintergrund geht es erstens um den Leib, der bei Petzold beseelter Körper, das Gesamtorgan ist. In der Geschichte des Menschen ist die Entwicklung dieses Gesamtorgans oft gestört. Abspaltungen aus dem Körpererleben oder Verdrängungen in den Körper hinein können nun zu Erkrankungen führen. In der Therapie geht es darum, diese Verdrängungen in den Körper hinein aufzuheben. Dazu benutzt man besonders leibbezogene Techniken wie Bewegungstherapien oder die von Petzold so genannte Thymopraktik, oder man arbeitet mit sogenannten kreativen Medien wie Ton.

Zweitens: Der Mensch steht nicht allein. Er kann erst verstanden werden auf der Basis seiner Ur-Erfahrungen in der Zweiheit Mutter und Kind; die Entwicklung eines Menschen ist dann erst

verständlich, wenn sie auf einen anderen bezogen ist. Das gilt für das Denken als inneren Dialog und für die eigene Identitätsfindung. Therapeutisches Ziel bei diesen Beziehungsstörungen ist die gemeinsame Kooperation oder Korrespondenz. Sie schließt ein die Fähigkeit zum Kontakt, zur Begegnung, zur Beziehung, und dies auch über Krisen hinweg. Auch hier gibt es einen Modell-Namen, unter anderem die Beziehung zwischen Patient und Therapeut. In der integrativen Therapie verhält sich ein Therapeut möglichst klar und echt, stellt sich aber auch auf die Fähigkeiten des Patienten ein. In Vergangenheit und Gegenwart finden sich seelische Traumatisierungen, chronische emotionale und soziale Defizite, Störungen durch lang ausbleibende Unterbrechung von Impulsen, d. h. von Sinnesreizen und sozialen Angeboten, es liegen Konflikte vor.
Drittens: Der Mensch lebt in verschiedensten Rollen. Diese ermöglichen den Sozialisierungsprozeß und die Identitätsbildung. Sie entstehen auch in diesen. Die integrative Therapie sieht den Menschen auf der beschränkten Bühne seines individuellen Lebens als einen Spieler, der sich ausdrücken möchte.
Der Therapeut versucht nun, die Entwicklung eines Menschen als eine Gestörtheit zu verstehen, ihren Sinn zu verstehen und dem Patienten zu erhellen. Es geht ihm wesentlich darum, in einer wiedererlebten Szene eine neue emotionale Erfahrung zu sammeln.

Der Therapeut versucht, die Entwicklung eines Menschen als eine Gestörtheit zu verstehen, ihren Sinn zu erkennen und dem Patienten zu erhellen. Es geht ihm wesentlich darum, in einer wiedererlebten Szene eine neue emotionale Erfahrung zu sammeln.

Transpersonale und transzendenzorientierte Therapien

Gehört das noch zur Psychotherapie? Hier gehen die Meinungen weit auseinander. Im Sinne unserer einleitenden Bestimmung, was denn Psychotherapie sei, müßte man die Frage eigentlich verneinen. Faßt man das Verständnis von Psychotherapie aber weiter, bezieht Sinn- und Wertfindung ein, dann sollte die Antwort Ja sein.

Psychosynthese

Eine der trügerischsten Illusionen der meisten Menschen besteht in der Annahme, sie seien ein unteilbares, unveränderba-

res Wesen. Das Gegenteil trifft zu. Diese Erkenntnis, wenn sie spontan gewonnen wird, vielleicht noch in psychischen Ausnahmesituationen erstmals verdeutlicht wird, verwirrt, beunruhigt, ängstigt. Eigentlich verfügen wir über einen ganzen Komplex von miteinander verflochtenen Denkstilen, Erlebnisqualitäten, Verhaltensweisen, bis in die Mimik und Gestik hinein, und man ist in mancher Situation „ganz anders". Miniaturpersönlichkeit wird das in der Psychosynthese oft genannt. Psychosynthese setzt diese nun zusammen, integriert.
Die praktische Arbeit beginnt mit einem ausführlichen Interview. Im Mittelpunkt der Therapie steht die aktuelle Lebenssituation. Benutzte Methode ist vorrangig das Gespräch. Die Gesprächsführung wird bedarfsweise unterstützt durch kreative Medien wie Malen, Musik, Bewegung, Ton.

Zum Ich durch ein Du

Bei der transpersonalen Psychosynthese geht es um das Überbewußtsein, die höheren Bereiche des Seins. So vermögen wir das wahre Selbst zu erkennen, das einen mit allen anderen verbindet.

Das Aufspüren der verschiedenen Persönlichkeitsanteile verhilft nun zu einem klareren Bild von sich selbst. Ein möglichst buntes Ensemble ergibt erst eine integrale Persönlichkeit, die in sich rund und ausgewogen ist, mit einem „inneren Ort, an dem absolute Ruhe herrscht, selbst wenn es draußen tost und lärmt." Aber es gibt kein menschliches Wachstum, das in seinen Auswirkungen nur auf das eigene Ego, auf den ganz persönlichen Bereich beschränkt bleibt. Wenn wir uns nun um die Psychosynthese bemühen, werden wir auch besser für die anderen. Martin Buber meint dazu: „Der Mensch wird zum Ich durch ein Du."
Die Psychosynthese erfolgt auf zwei Ebenen. Das eine war die personale Psychosynthese. Auf einer zweiten Ebene geht es um die transpersonale Psychosynthese, um das Überbewußtsein, die höheren Bereiche des Seins. So vermögen wir das wahre Selbst zu erkennen, das einen mit allen anderen verbindet.
Bei dieser großen Therapierichtung unterschiedet man zweckmäßigerweise in Verfahren, wo es einerseits um eine Art Psycho-Synthese geht, und um meditative Techniken und Yoga-Methoden andererseits.
Therapieziele in der ersten Gruppe sind beispielsweise die Entwicklung einer integrativen Persönlichkeit, Heiterkeit, Gelassenheit, Liebe und auch eine gewisse Art eines Überbewußtseins.
Viele Wege und Methoden sollen zu diesen Zielen führen. Beispielhaft genannt sei die Arbeit mit Symbolen nach C. G. Jung oder Imaginationsübungen im katathymen Bilderleben nach

Neuner, Meditationsübungen in der Oberstufe des autogenen Trainings, Identifikationsübungen bzw. Stärkung der Willenskräfte nach Assagioli.

Holotrope Therapie

Der Name ist abgeleitet von der Holographie, einem fototechnischen Verfahren, das eine riesige Informationsspeicherkapazität besitzt. Jedes Teilchen trägt hierbei die Informationen über die ganze Gestalt. Vergleichbares muß nach Stanislaw Grof, dem Entwickler dieses Verfahrens, im Bewußtsein möglich sein.
Nach Grof entstehen Störungen und Krankheiten infolge eines Versuchs des Organismus, „Gestalten", d.h. frühere Situationen und Erlebensweisen, zu integrieren und zu verarbeiten. Da Symptome in Krisen entstanden sind, kann man den Menschen auch durch provozierte Krisen zum Wiedererleben der Problematik und zum Nacharbeiten zwingen.
Auf vielfältigste Weise versucht Grof, den Zugang zum Ganzen zu finden, z.B. durch eigene Meditationen, das Experimentieren mit Psychodrogen, die Überventilation, wodurch der Sauerstoffgehalt im Gehirn steigt. Durch die Veränderung in der transpersonalen und der transzendenten Ebene geht es Grof um eine Persönlichkeitsentwicklung in einer Art zweiter Geburt zu einem Über-Ich und Über-Selbst.

Der Weg ist bereits das Ziel. Meditation läßt uns das Zentrum in uns selbst finden. Äußerlichkeiten werden unwichtig.

Vom Meditieren

Psychische Störungen entstehen auch oft durch problematische Wünsche und Bedürfnisse, die nicht befriedigt werden, z.B. intensive und fehlgeleitete Sexualität, Begierden, materielle Güter, der Wunsch nach ewiger Jugend. Die mangelnde Berücksichtigung ethischer Maßstäbe, nicht oder unzureichend vorhandene innere Wertmaßstäbe bzw. das Fehlen der Orientierung an diesen bringt Disharmonien und Konflikte. Therapieziele sind hier:

- Ein optimaler Energiefluß
- Das Unabhängigsein von Äußerlichkeiten
- Das Finden des Zentrums in sich mit unverrückbarer Gelassenheit
- Liebe zur Schöpfung und zu Gott
- Die Eins-Erfahrung, Seligkeit, erleuchtet sein
- Das Öffnen für kosmische Energie.

Und immer wieder steht das Wort: „Der Weg ist bereits das Ziel".

Die meisten heutigen Meditationstechniken entstanden in großen Weltreligionen. Es handelt sich somit um uralte Erfahrungen und Methoden. Erst in den letzten zwei Jahrzehnten begannen Wissenschaftler verschiedener Disziplinen, insbesondere Ärzte, Psychologen, Biologen, sich vermehrt mit Meditationstechniken zu beschäftigen und diese aus ihrem religiösen Kontext herauszulösen. Hierbei interessieren vorrangig die durch Meditation auszulösenden psychischen und psychophysischen Effekte, z.B. im Hirnstrombild auftretende Veränderungen. Der anfängliche Enthusiasmus, der besonders durch die transzendentale Meditation ausgelöst war, wich einer sachlicheren Einschätzung: Die Meditation war in großen Teilen ihres Effektes mit den bekannten Entspannungstechniken vergleichbar.

Die Kunst des Meditierens hat auch in unserer Kultur tiefere Wurzeln als uns bewußt ist. Meditation wird meist als andächtige Vertiefung des Geistes in eine religiöse Wahrheit, ein Mysterium oder einen Zustand der Verehrung verstanden. Das Wort gebraucht man auch für sinnliche Betrachtung oder dazu, verschiedene Zustände innerer Einkehr zu beschreiben, aus denen neue Gedanken, neue Wege oder sogar Persönlichkeitsverände-

Ein Ort zum Meditieren. Wer innere Einkehr halten will, soll die Stille suchen und sich auf ein Wort, einen Ton, einen Gedanken, ein Gebet konzentrieren.

rungen entspringen können. Meditationstechniken können ganz allgemein als Selbstregulationstechniken beschrieben werden, in denen Menschen zum systematischen Training ihrer Aufmerksamkeit angeleitet werden.
Wie gelingt Meditation? An einem ruhigen, abgeschiedenen Ort setzt man sich still nieder, schließt die Augen und konzentriert sich auf ein Wort, einen Ton, einen Gedanken, ein Gebet. Aufkommende Gedanken und Gefühle werden nicht aufgegriffen, man verhält sich ihnen gegenüber passiv und kehrt immer wieder zum Meditationswort zurück. Diese Schritte gehören zu jeder Meditationstechnik, zumindest aber zwei Elemente, die einleitende Entspannung – sie ist oft nur der erste Schritt. Wesentlicher ist es, den Strom der Alltagsgedanken zu unterbrechen, indem man einen sogenannten mentalen Fokus schafft, das Meditationswort, das man wiederholt, oder die Atembeobachtung.

Meditation - spontan erlebt

Jeder seelisch gesunde Mensch meditiert öfter einmal, indem er sich zum Beispiel einer Stimmung voll überläßt, bei einem Musikstück in sich selbst versinkt, ein Wunder der Natur bestaunt oder vor einem Bild sitzt und wartet, bis es ihn anspricht.
Bei der Meditation geht es nicht um einen komplizierten und schwer zu erlernenden Prozeß. Es geht um das Zulassen eines natürlichen Verhaltens, etwas auf sich wirken zu lassen, das man erst in völliger Stille vernimmt.
Im Gegensatz zu rationalem Begreifen stellt sich meditatives Wahrnehmen spontan ein. Meditation kann man nicht erzwingen. Man kann sie unterstützen durch verstehendes Wahrnehmen unter Ausschalten gerichteter Denkvorgänge und Willensqualitäten. Meditation darf nicht mit Konzentration verwechselt werden. Je mehr wir wollen, desto mehr verhindern wir. Wir haben nur günstige Bedingungen zu schaffen.
Vor einigen Jahren wurde der Psychoanalytiker Erich Fromm nach einem Vortrag nach „einer praktischen Lösung für die Lebensprobleme" gefragt. „Ruhe", antwortete Fromm, „die Erfahrung der Stille." Man muß zum Stillstand kommen, wenn man die Richtung ändern will.
Meditation vermag keine Wunder zu verrichten. Sie ist kein Allheilmittel. Richtig angewandt, vermag sie jedoch, uns das Wunderland des Geistes wieder zu eröffnen, das Glücksgefühl der Kinder erleben zu lassen, die Freude der Denker nacherlebbar zu machen, denen Weisheit eine kostbare Perle ist.

Meditation kann man nicht erzwingen. Man kann sie unterstützen durch verstehendes Wahrnehmen unter Ausschalten gerichteter Denkvorgänge und Willensqualitäten. Meditation darf nicht mit Konzentration verwechselt werden. Je mehr wir wollen, desto mehr verhindern wir. Wir haben nur günstige Bedingungen zu schaffen.

Das Angebot nutzen!

Nachdem wir nun eine Reihe von Erkenntnissen und Methoden der Psychotherapie vorgestellt haben, wird sich vielleicht mancher fragen: Bedarf ich einer Psychotherapie?
Wenn ja, welcher, bei wem und in welcher Form? Mit Hilfe unserer nachfolgenden Hinweise und Informationen kann sich vielleicht mancher Leser die eine oder andere Frage selbst beantworten.

Vier wesentliche Bedingungen

Oft ist das Gefühl vorhanden, daß man so nicht weiterleben könne, daß irgend etwas geschehen müsse, daß man sich festgefahren habe. Wenn man dann noch selbst bereit ist, einiges dagegen zu tun, dann sollte man sich mit einem Partner oder dem Arzt über einen Weg zur Psychotherapie verständigen.

Grundsätzlich sind vier wesentliche Bedingungen zu berücksichtigen: Die vorliegende Krankheit, der Patient, der Therapeut, die Einrichtung, ob ambulant oder stationär.

Vom Krankheitsbild hängt ganz wesentlich ab, ob mehr am Symptom oder an der Persönlichkeit gearbeitet werden soll. Dazu kommen die unterschiedlichen Anteile der Persönlichkeit einschließlich der vorliegenden oder zugrundeliegenden (Fehl-) Einstellungen oder (Fehl-) Haltungen, die Dauer der Erkrankung, der Leidensdruck, die Einsatzbereitschaft, die weitere Lebenssituation, das Alter, die bisherige Lebensbewältigung, die auslösende Situation, besondere Lebensumstände usw.

Wenn es so nicht weitergeht

Lassen Sie uns näher auf den Leidensdruck eingehen. Gemeint ist das Leid, das ein einzelner Mensch bemerkt, der Druck, unter dem er steht, und dies ist das allerwichtigste Kriterium für eine Psychotherapie. Meist ist hierbei das Gefühl vorhanden, daß man so nicht weiterleben könne, daß irgend etwas geschehen müsse, daß man sich festgefahren habe.

Wenn man dann noch selbst bereit ist, dazu einiges zu tun, dann sollte man sich mit einem Partner oder dem Arzt über einen Weg zur Psychotherapie verständigen. Wenn Ihr Wunsch nach Hilfe, nach Verständnis, nach Veränderung da ist, um dies noch einmal zu wiederholen, dann sollte eine Psychotherapie erfolgen.

Psychotherapie - mit welcher Methode?

Das hängt wiederum von der Störung oder Erkrankung ab, von der Persönlichkeit des Betreffenden, von seinen Einschränkungen, Möglichkeiten und eben von den ganz spezifischen Zielsetzungen in der Behandlung.
Wenn es da um umschriebene Konflikte oder um das relativ isolierte Behandeln von Symptomen geht, sind beispielsweise psychoanalytisch und tiefenpsychologisch fundierte, sogenannte Fokaltherapien als Kurztherapien möglich oder spezifische verhaltenstherapeutische Techniken oder gar eine Hypnose.
Geht es um die Verbesserung der Wahrnehmung, die Sensibilisierung, die Orientierung am Erleben, dann empfehlen sich sogenannte kreative Medien oder erlebnis-aktivierende Therapien wie Gestalttherapien, Psychodrama.
Bei der Notwendigkeit, tieferliegende, zum Teil unbewußte Konflikte aufzudecken, wird man eine Mitorientierung auf die frühkindlichen Störungen, eine Psychoanalyse oder tiefenpsychologische Psychotherapie einleiten.

Ein Patient, der sich auf eine längere Psychotherapie einläßt, sollte sich schon genau prüfen und auch den Behandler prüfen. Er sollte sich erkundigen nach dessen Qualifikation, seinem Ausbildungsweg, und er sollte selbst sehr aufmerksam registrieren, welche menschlichen Fähigkeiten dieser Therapeut hat und ob ihm dies hilfreich bei dem eigenen, nicht immer einfachen Weg sein könnte.

Die Weiterentwicklung der Persönlichkeit im Sinne der Entwicklung kreativer Potenzen des Integrierens verschiedenster Anteile könnte über eine Jungsche Analyse, über psychosynthetische Verfahren und vieles andere geschehen, und an der Grenze zur Religiosität, oft parallel mit diesen Wegen und identisch mit den Zielen, da wären dann die transpersonalen und transzendenten Verfahren zu nennen.
Dies nur als grobe Orientierung; mehr und Genaueres für Ihren speziellen Fall vermittelt Ihnen eine psychotherapeutische Beratungsstelle in Ihrer Nähe, zu der Sie über Ihren Arzt Kontakt finden können.

Wer mit welchem Therapeuten?

Jeder Patient hat Idealvorstellungen, wie sein Therapeut sein sollte. Jeder Behandler wünscht sich im Grunde einen idealen Patienten. Da die Vollkommenheit letztlich nicht erreichbar ist, wird man sich irgendwo in der Mitte treffen müssen. Aber es wäre schon wichtig, über seine Erwartungen und Bedürfnisse zu reden, und eines ist sicher, für eine erfolgreiche Therapie müssen die beiden miteinander können. Dies nicht ständig in gleicher Qualität. In der Therapie geschieht ja etwas, das oft mit negativen Emotionen verbunden ist. Aber es muß letztlich eine

Jeder hat die Chance, die Tür zum seelischen Wohlbefinden zu öffnen. Auch wer keine Therapie für die Seele braucht, kann die Angebote zur Beratung und Selbsthilfe nutzen.

tragfähige vertrauensvolle Beziehung da sein, über die eine Therapie trotz mancher Schwierigkeiten und Klippen möglich ist.

Drum prüfe, wer sich ewig bindet

Ein Patient, der sich auf eine in der Regel längere Psychotherapie einläßt, sollte sich schon genau prüfen und auch den Behandler prüfen. Er sollte sich erkundigen nach seiner Qualifikation, seinem Ausbildungsweg, und er sollte selbst sehr aufmerksam registrieren, welche menschlichen Fertigkeiten und Fähigkeiten dieser Mensch offensichtlich oder vermutlich hat und ob dies ihm alles hilfreich sein könnte bei dem eigenen, nicht immer einfachen Weg.
In den unterschiedlichen Therapierichtungen erwartet man, setzt man unterschiedliches Therapeutenverhalten voraus. In einer Psychoanalyse kann man davon ausgehen, daß der Therapeut sich eher zurückhält, gleichsam abstinent ist. In einer Gestalttherapie wird er wesentlich spontaner sein, und in der Verhaltenstherapie geschieht manches sehr fordernd, während in der Gesprächstherapie das bekannte, nicht direktive Vorgehen die Regel ist.

Also noch einmal die kritische Frage für Patient und Therapeut zu Anfang der Behandlung: Scheinen wir miteinander zu können, können wir miteinander? Und dann sollte man sich sauber über Formalitäten und Therapievereinbarungen – die Zeit, Häufigkeit, Abbruch, Verhalten bei Unterbrechungen usw. – verständigen.

Wie ist das mit den Kosten?

Psychotherapeutische Beratung ist in der Regel kostenlos, wenn man staatliche oder karitative Beratungsstellen in Anspruch nimmt. Staatliche Abteilungen für Gesundheits- und Sozialwesen sowie gesellschaftliche Organisationen wie Pro familia oder die Arbeiterwohlfahrt bieten Beratung und Therapie vor allem im Bereich der Familienproblematik an.

Die Krankenkassen übernehmen in der Bundesrepublik Deutschland unter bestimmten Bedingungen die Behandlungskosten für Hypnose, Autogenes Training, Progressive Relaxation, tiefenpsychologisch fundierte Psychotherapie und Verhaltenstherapie.
Der Leistungsumfang, d.h. Art und mögliche Dauer der Behandlung ist für jede Methode genau festgelegt.
Kostenerstattung gibt es nicht für Gestalttherapie, Psychodrama, Bio-Feedback, Bioenergetische Therapien.
Zur Übernahme der Kosten muß bei der Krankenkasse ein entsprechender Antrag gestellt werden. Dazu ist eine ärztliche Verordnung vorzulegen, in der Indikation, Diagnose und eventuell ein Verhandlungsplan enthalten sind. Soll die Behandlung länger als 15 Stunden dauern, muß ein Gutachten eines weiteren Arztes vorliegen.
Pschychotherapeutische Beratung ist in der Regel kostenlos, wenn man staatliche oder caritative Beratungsstellen in Anspruch nimmt. Staatliche Abteilungen für Gesundheits- und Sozialwesen sowie gesellschaftliche Organisationen wie Pro familia oder die Arbeiterwohlfahrt bieten Beratung und Therapie vor allem im Bereich der Familienproblematik an.
Für einkommensschwache Patienten ist die Finanzierung einer Therapie durch das Sozialamt möglich. Entsprechende Gutachten stellt der sozialpsychiatrische Dienst aus.
Kostenlose Beratung und Hilfe findet man auch in zahlreichen Selbsthilfegruppen.
Wer die Therapie privat zahlen muß oder will, muß recht tief in die Tasche greifen. Der durchschnittliche Stundensatz liegt um 100 DM für die Einzelbehandlung und bei 20 bis 50 DM für die Gruppentherapie. Man sollte also vorher sorgfältig prüfen, ob sich der Einsatz der Mittel auch wirklich lohnt. Andererseits soll man aber auch bedenken, daß es kaum Wertvolleres gibt als den Weg zu uns selbst. Dafür – für eine gesundes Seele – sollte uns manches Mittel recht sein.

Die Seele heilen.
Dazu gehören auch Stunden der Muße, in denen man das Schöne, das uns die Natur, ein gutes Buch, ein treuer Freund bieten, aus vollem Herzen genießen lernt. Einmal innehalten zu können in der Hektik des Alltags, das ist der erste Schritt auf dem Weg zur Harmonie von Körper und Seele. Gönnen Sie sich diesen Augenblick.

Register

Literatur

Borysenko, Joan: Gesundheit ist lernbar. Bern 1989
Clinebell, Howard: Rundum Wohlfühlen. München 1993
Fowler, James W.: Die Psychologie der menschlichen Entwicklung und die Suche nach Sinn. Gütersloh 1991
Hart, Charles T.: Hellwach und bewußt leben. Wege zur Entfaltung des menschlichen Potentials. München 1991
Langsdorff, Maja: Die heimliche Sucht, unheimlich zu essen. Frankfurt 1986
Neun, Heinz: Psychosomatische Einrichtungen - Was sie machen und wie man sie finden kann. Göttingen 1987
Stössel, P.: Wenn Pillen alleine nicht helfen. München 1984

Adressen

Wenn Ihnen dieses Buch gefallen hat und Sie mehr über das Thema „Psychotherapie“ wissen möchten, schreiben Sie uns bitte. Unsere Adresse: Südwest Verlag, Redaktionsleitung „Gesund im Alltag“, Goethestraße 43, 8000 München 2. Wir leiten Ihren Brief vertraulich an den Autor weiter. Beachten Sie auch unseren Leserservice. Er besteht aus anerkannten Fachleuten. Dort werden Ihre Fragen ganz persönlich beantwortet.

Hinweis

Das vorliegende Buch ist sorgfältig erarbeitet worden. Es wurde darüber hinaus von einem unabhängigen Arzt begutachtet und inhaltlich in Ordnung befunden. Dennoch erfolgen alle Angaben ohne Gewähr. Weder Autor noch Verlag können für eventuelle Nachteile oder Schäden, die aus den im Buch gemachten praktischen Hinweisen resultieren, eine Haftung übernehmen.

Bildnachweis

Bavaria: 11, 14/15, 26, 37, 79; Foto Anger: U4/oben, 2/3, 5, 19, 47, 66, 86; GPA: 3, 22, 59, 68, 70; Ifa: U4/unten,4, 24, 39, 40/41, 65, 85; Image Bank: U1/groß, 9, 12, 42; LOOK: 30, 33, 77; Paxmann: U1/klein, U4/klein, 1, 7, 54,61, 82, 90, 92/93; Rehm:2/oben, 50, 72.

Impressum

Redaktionsleitung: Josef K. Pöllath
Umschlaggestaltung und Layout: Christine Paxmann, München
DTP/Satz: Tabularasa, München
Druck: Karl Wenschow GmbH, München
Bindung: Conzella, München

Gedruckt auf chlor- und säurefreiem Papier

ISBN 3-517-01356-0